CUCINA AYURVEDICA E LE SUE RICETTE

Sommario

CUCINA AYURVEDICA E LE SUE RICETTE 1

CUCINA AYURVEDICA.................. 8

CAPITOLO I...................... 9

  INTRODUZIONE 9

CAPITOLO II..................... 24

  LE BASI DELLA MEDICINA AYURVEDICA 24

  LA SALUTE NELL'AYURVEDA 30

    Funzione dei Doshas: 33

  Le fasi dei doshas: 35

  Le cause dell'aggravamento dei doshas:.. 36

  Sintomi di aggravamento dei doshas: 38

  Il trattamento dei doshas: 40

  Dathu.. 42

CAPITOLO III.............................. 44

I CONCETTI BASE 44

DESA, L'HABITAT 46

   BALA, LA FORZA 46

   KALA, IL TEMPO 47

SATTVA, il potere della mente 48

VAYAS, L'ETÀ 48

PRAKRTI, LA COSTITUZIONE 49

CAPITOLO IV 51

L'ANATOMIA NELLA MEDICINA AYURVEDICA 51

CAPITOLO V 58

LA FISIOLOGIA NELLA MEDICINA AYURVEDICA 58

MALA 58

AGNI 59

SROTAS 60

CAPITOLO VI 61

LE BUONE ABITUDINI 61

CAPITOLO VII 73

  IL CIBO 73

CAPITOLO VIII 78

  LA NATURA DEL CIBO 78

CAPITOLO IX 81

  LA COTTURA DEL CIBO 81

CAPITOLO X 87

  GLI ALIMENTI 87

  I CEREALI 94

  I LEGUMI 96

  LA CARNE 98

  LA VERDURA 100

  LA FRUTTA 103

  LA FRUTTA SECCA 107

  FORMAGGIO E DERIVATI 107

  OLIO 110

    LO ZUCCHERO 110

LE SPEZIE 112

CAPITOLO XI 119

LA DIETA 119

CAPITOLO XII 127

LE TERAPIE SEGRETE 127

CAPITOLO XII 130

NOZIONI DI DIAGNOSI E CONSIGLI 130

CAPITOLO XIV 145

PICCOLO GLOSSARIO PER L'AYURVEDA 145

CAPITOLO XV 153

TABELLA DEI DOSHAS 153

RICETTE NELLA CUCINA AYURVEDICA . 157

INTRODUZIONE 158

I CIBI SECONDO L'AYURVEDA 166

I CEREALI 166

I LEGUMI 168

LA CARNE 170

LA VERDURA 172

LA FRUTTA 174

LA FRUTTA SECCA 178

FORMAGGIO E DERIVATI 178

OLIO 181

LO ZUCCHERO 182

LE SPEZIE 183

NAAN 190

PARATHA 196

SAMOSA 200

MASALA DOSA 207

RISO BIRYANI 215

CREMA DI ZUCCA CON FINOCCHIO E GINGER 219

ZUPPA ORZO 223

MANGO DAHL 227

CHANA MASALA 231

PALAK PANEER 235

ALOO GOBI 239

MELANZANE SPEZIATE 242

VERDURE CON MASALA 246

TANDOORI CHICKEN 250

MANZO CON SALSA DI YOGURT E CETRIOLO 253

CAPRETTO AL CURRY 256

KERALA FISH CURRY 259

RASMALAI 263

PALLINE DI SESAMO 266

MASALA CHAI 268

BADAM DOODH 272

LASSI 276

CUCINA AYURVEDICA

CAPITOLO I

INTRODUZIONE

Ayurvedica, o Veda di Ayus (la Scienza della Vita), è l'antica medicina indiana che affonda le sue radici nella notte dei tempi. Charaka dice che fu rivelata da Brahma, il Creatore.

Nell'India preistorica sono state trovate tracce di questa antica medicina: a Harappa e a Mohenjo-Daro, sono riaffiorate immagini che raffigurano il Signore Shiva come il primo divino curatore.

Sono anche stati trovati resti di vegetali e altre piante officinali, o tracce di derivazione animale e minerale, utilizzati come farmaci.

Anche nei Veda, si legge moltissimo di queste sostanze ed elementi utilizzati a scopo medicinale e terapeutico.

L'Osadhi-Sukhta, che fa parte dei Rig-Veda, resta uno degli antichi testi in assoluto più importanti per la moderna botanica.

I miracoli conosciuti come "I miracoli di Ashvins" mostrano uno stato della medicina piuttosto avanzato e anche della chirurgia.

La conoscenza in campo medico acquisisce molti elementi lungo il corso del tempo, completando sistematicamente tutti I compendi scientifici giunti a noi fino ad oggi.

Durante questo periodo, i concetti più semplici vengono rielaborati, e l'intero sistema di conoscenze comincia ad includere nozioni di fisiologia, patologia e farmacologia.

Ciò che poi andrà a rimpiazzare tutto ciò che faceva parte della tradizione sciamanica, e quindi meno scientifica, provocando una vera e propria rivoluzione sul campo.

Questo fu possibile poiché il ricco bagaglio

filosofico permise di instaurare un'atmosfera di libero pensiero, caratteristico dei periodi conosciuti come l'era delle Upanishad.

Charaka, grande pensatore, contribuì moltissimo alla crescita e lo sviluppo di questa più moderna medicina, e a lui si deve molto della teoria e della pratica ayurvedica.

La più grande scoperta riguarda "la legge dell'uniformità in natura", che instraderà poi i posteri verso una più approfondita osservazione del microcosmo, del macrocosmo e delle leggi fisiche, come quelle che governano la gravità, il magnetismo, l'elettricità, la cinetica, la termodinamica e l'idraulica.

Ci sono, però, molti elementi che contraddistinguono la medicina ayurvedica dalle altre medicine, una su tutte è che l'ayurvedica: non è un sistema di medicine, ma una filosofia dinamica della vita dalla quale tutto deriva, persino le obbligazioni sociali.

Due sono gli obiettivi: uno la preservazione della salute, e l'altro la cura della malattia.

Il primo dà spazio così al mondo della prevenzione e suggerisce le pratiche di vita quotidiana, il rispetto dei cicli stagionali; la seconda a tutti i compendi di medicina terapeutica come lo yoga, la farmacopea e la dieta.

L'organismo umano è composto da differenti organi e parti, dal senso degli organi e degli oggetti, e sono compresi nei 5 mahabhutas, o elementi (akasha, vayu, agni, ap e prthvi)

Anche il resto dell'universo, come l'uomo, è composto dagli stessi elementi, e il loro movimento e i loro schemi sono tutti riprodotti in ciascuna parte del creato, secondo le stesse logiche.

Anche se tutto è composto sempre dai 5

mahabhutas, in ogni frammento, sia esso del corpo umano, vegetale, animale o stellare, uno di loro sarà sempre più prevalente dell'altro.

Esistono oltre la mahabhutas, tre vitali principi energetici, che tutto muovono: vata, pitta e kapha.

Questi sono la forma sottile dei tre bhutas – vayu, agni, ap- , ovvero aria, fuoco e acqua.

I due rimanenti, bhutas, -akasa e prithvi-, sono forme molto più sottili che vengono coinvolte sempre in tutte le funzioni.

Queste teorie furono formulate sulla base di osservazioni scientifiche sulla natura, e rispondono alla "legge dell'uniformità della natura".

Susruta dice che Soma (la luna), Surya (il sole) e Vayu (l'aria) tengono e governano il cosmo espletando le loro funzioni, ovvero visarga (rilasciando), adana (ricevendo), e viksepa (disseminando).

Tutto ciò che è movimento, trasporto, elettromagnetismo è controllato da Vata.

Pitta rappresenta il fuoco principe ed è coinvolto nel processo di conversione degli elementi e della loro trasformazione, consumazione, e altri processi chimici, che hanno luogo all'interno e all'esterno dell'organismo.

Kapha è il principio dell'acqua, mantiene i fluidi nel corpo, controlla la crescita e la forza dell'organismo.

I corpi morti non hanno nessuna di queste caratteristiche, quindi i tre doshas sono direttamente connessi al Prana, ovvero il soffio vitale. Alcuni ritengono, perciò, che i doshas siano parte dello stesso Prana e concausa di ogni processo fisiologico, come anche quello della malattia.

Coinvolgono tutto, tutti gli aspetti della vita dell'universo e, quindi, del pianeta terra. Riguardano anche il mondo animale e vegetale. Una tabella, qui sotto, è utile per comprendere meglio ciò che i vari doshas governano:

VATA	Prana	Respirazione
	Udana	Parola
	Samana	Stimola il fuoco digestivo
	Vyana	Movimento in generale
	Apana	Evacuazione di escrementi

PITTA	Pacaka	Digestione
	Ranjaka	Pigmentazione
	Bhrajaka	Brillantezza
	Alocaka	Visione
	Sadhaka	Energia del cuore
KAPHA	Avalambaka	Tono del cuore
	Bodhaka	
	Tarpaka	Strumento della percezione del gusto
	Kledaka	
	Slesaka	
		Saturazione della testa e

		del pensiero
		Umidificazione del cibo in fase digestiva
		Articolazioni

Similarmente i tre doshas sono presenti in alcune parti del corpo anziché in altre, e sono predominanti in alcuni momenti della vita rispetto ad altri; ad esempio, Vata si colloca sotto il diaframma, Pitta tra il cuore e il diaframma, Kapha si colloca nella parte alta del corpo.

Resta comunque la loro intensità e, quindi, la presenza in quantità, sempre mobile e soggetta a fluttuazioni. Come segue:

Dose	Azione
VATA	Età avanzata, ultima parte del giorno e della note, subito dopo la digestione
PITTA	Giovane età, mezzogiorno e mezzanotte, durante la digestione
KAPHA	Infanzia, mattino presto, prime ore della note, dopo I pasti

Anche l'influenza stagionale è importante:

DOSHA	STAGIONE
VATA	Estate (accumulazione) Si aggrava con la pioggia, si calma con l'autunno
PITTA	Autunno si aggrava, si pacifica con l'inizio dell'inverno, con la pioggia si accumula
KAPHA	Si accumula con l'inizio dell'inverno, si aggrava in primavera, si pacifica d'estate

Questa ultima tabella è davvero fondamentale per capire come prevenire lo stato di malattia e I disordini stagionali, in modo da modificare le proprie abitudini secondo stagione ed evitare qualsiasi caduta patologica o disordine di altro tipo.

Questo libro si propone di introdurvi, nel caso siate dei principianti, alla medicina ayurvedica, e a mettere in luce la sua parte più affascinante ed essenziale della sua dietetica per guidarvi ed insegnarvi come potrete curare il vostro corpo e divenire il medico di voi stessi, nella pratica della prevenzione di tutti i giorni che comincia proprio dalla tavola.

Siete ciò che mangiate.

Affronteremo, in questo testo, le basi della medicina ayurvedica; imparerete dei tre doshas, le loro fasi, l'aggravamento di queste fondamentali qualità che vanno comprese bene e fino in fondo per poter davvero intraprendere appieno il cammino Ayurveda.

Imparerete ad individuare i sintomi di aggravamento dei doshas, che si evincono dall'osservazione del corpo e dei fenomeni, e per la quale serve molto esercizio e disciplina.

Oltre alla parte diagnostica, vi saranno offerte le indicazioni terapeutiche per trattare al meglio questi squilibri.

La fisiologia nella medicina ayurvedica richiama quella più moderna con delle piccole differenze, proprie del mondo olistico.

Il libro vi guiderà, passo passo, per cogliere, attraverso l'analisi dell'ayurveda, tutti quei particolari, dettagli, segnali, anomalie, trasformazioni e disequilibri, sui quali potrete operare.

Imparerete ad osservare la natura, il tempo, gli umori, i liquidi, la terra, l'aria, il fuoco, lo spirito che tutto governa.

Vi condurremo nel mondo dell'anatomia secondo l'ayurveda, affinché acquistiate piena coscienza del vostro corpo, della fisiologia e delle sue funzioni, sia quando si trova in equilibrio, sia quando la malattia sta per sorgere o quando questa è eventualmente già insorta.

Troverete un compendio sulle buone abitudini, a partire proprio dalla dieta e dal cibo, che è la prima delle medicine, la più importante.

Una volta che saprete osservare il mondo secondo gli occhi dell'ayurveda, sarà per voi facile individuare i doshas anche degli alimenti, e poter capire e poi utilizzare la materia prima da consumare preferibilmente che un'altra, a seconda dei casi; saprete come cucinarla, con cosa abbinarla, quando consumarla, in che stagione, in che momento del giorno, e perché.

Percorreremo la lista dei cibi principali e verrete istruiti su quali di essi fare più affidamento per mantenere l'organismo in salute, il corpo forte e vigoroso, la mente sgombra, le emozioni serene.

Oltre a questo vi offriremo alcune terapie segrete, come quella della Rasayana, ovvero la terapia di lunga vita.

In fondo al libro tutte le tabelle di cui avrete bisogno e sulle quali potrete fare affidamento, e un piccolo glossario che potrete consultare per i termini sanscriti che spesso vengono utilizzati.

Buon viaggio

CAPITOLO II

LE BASI DELLA MEDICINA AYURVEDICA

Si definisce Ayurvedica la scienza che contempla la conoscenza di Ayus, ovvero della vita, che promuove la longevità e contiene tutte le importanti informazioni discusse nei temi fondamentali a questa filosofia, conosciuta proprio come Ayurvedica.

Ayus è la combinazione del corpo con il Prana, ovvero il soffio vitale, quel soffio vitale che proviene da Adrsta, ovvero il "non visto".

Il Prana è suddiviso in dodici componenti: i tre dosas; i tre gunas (sattva, raja, tamas); i cinque sensi e atman.

L'Ayus, ovvero la vita, è di quattro tipi: completa, incompleta, felice e infelice, che comprendono I due aspetti della vita sociale e dell'aspetto individuale.

In India l'ayurveda ha ancora oggi una grande considerazione e, anzi, viene preso molto seriamente, essendo parte integrante anche dell'aspetto spirituale che in India è molto forte.

Esistono delle università di medicina per formare il medico Ayurveda, con studi molto complessi e corsi che possono durare anche sette anni.

È la medicina, o se preferite filosofia, più antica al mondo.

Per poterla affrontare nella sua interezza, vengono di solito intrapresi studi anche di sanscrito, poiché gli antichi testi sacri sono difficili da decifrare, e ancora oggi vengono condotti studi per la loro corretta interpretazione.

Comprende la dieta, l'esercizio fisico, la farmacopea, la preghiera e l'etica.

L'Ayurveda è, perciò, una scienza molto complessa ed estremamente raffinata.

La parte, che qui affrontiamo, è una piccolissima sezione di tutto il sapere Ayurveda.

Partiamo dalla salute e dalla prima medicina disponibile con la quale possiamo operare ogni giorno, ovvero il cibo.

Ma per poter fare ciò, si dovranno capire alcuni criteri fondamentali e cominciare a chiamarli con il proprio nome.

Ricordatevi che siamo nel campo olistico, quindi mente e corpo non sono mai scissi, ma una mente sana segue un corpo sano, e viceversa.

Il cibo, infatti, può anche agire sullo spirito, e lo spirito può agire sul buon funzionamento o sul cattivo funzionamento dell'organismo.

Come ogni elemento presente in natura, segue

le stesse leggi. Può essere freddo, caldo, leggero pesante, e tutte le qualità vata pitta kapha, ovvero I dathus, che riguardano anche la stessa costituzione umana.

Perciò, a seconda della costituzione del corpo, si dovrà assumere o prediligere un alimento anziché un altro. Vale anche per il luogo, la stagione, la circostanza. Vale per la malattia e ogni malattia ha una causa o un effetto che risponde a queste regole, come vedremo al dettaglio più avanti.

La salute nel cibo sembrerà banale, ma in realtà vi state accingendo, con questo libro, a scoprire molti segreti che prima, sicuramente, non riuscivate a scorgere.

Vi sveleremo molti particolari e imparerete molte cose a riguardo, su come si muove l'energia, la consistenza e la qualità di questa, la sua direzione e le sue tendenze, e a governare tutto questo insieme.

Infatti l'Ayurveda, quando raggiunge le giuste conoscenze, è in grado di classificare tutto ciò che vede, comprenderne la natura, la tendenza e l'inclinazione energetica, e come arrestarla, aumentarla, spingerla, tonificarla.

Sarà come imparare a coltivare un orto, saper capire la forza della luna e del sole, attendere il momento giusto, governare i problemi della pioggia o del troppo caldo, irrigare, arare, proteggere, raccogliere.

La pazienza e la saggezza sono anche importanti.

Per questo l'ayurveda segue le buone abitudini, di pulizia personale, di esercizio fisico, di meditazione e di socialità. Il suo comportamento è virtuoso verso sé stesso e nella comunità.

Ricerca l'armonia e fa di tutto per mantenerla e prevenire ogni disequilibrio.

L'ayurveda, infine, nutre l'uomo debole, conosce i rimedi della malattia, cura il calore della persona focosa, scalda quella che soffre il freddo, e sa che il freddo si cura con il caldo, il caldo con il freddo, il pesante con il leggero, il leggero con il corposo. L'obiettivo è ripristinare l'equilibrio fra tutte queste forze che coesistono, ma che talvolta tendono a sopraffarsi e una tende a coprire l'altra, creando disarmonia e portando alla malattia.

L'inno dell'ayurveda più antico recita:

"Possa io avere respiro nelle narici, voce in bocca, vista negli occhi, udito nelle orecchie, capelli che non imbiancano, denti che non scolorano, molta forza nelle braccia. Possa io avere la potenza nelle cosce, la velocità nelle gambe, saldezza nei piedi. Possa il mio corpo restare sano e la mia anima libera".

LA SALUTE NELL'AYURVEDA

La salute, innanzitutto, dovrebbe sempre mantenere un livello ottimale; la forza e il vigore dell'organismo e la giusta protezione da ogni possibile disordine fisiologico sono i compiti che l'ayurveda si prefigge.

L'uomo è fortunato quando è longevo e si sente pienamente realizzato e felice.

L'individuo acquisisce virtù, piacere e benessere solo con un corpo che possa permetterglielo, e quindi forte e vigoroso.

Libero dall'ego e dagli attaccamenti materiali, pratica lo yoga e osserva I precetti di Brahma verso la liberazione dal mondo materiale.

Il corpo è costituito, come abbiamo visto, dai cinque mahabhutas, e deve sempre essere protetto da ogni sorta di malattia, energetica e fisica.

Per questo, studiare la medicina ayurvedica è importante per una vita serena e sana.

Sia la teoria che la pratica sono fondamentali per la medicina ayurvedica.

L'etere, l'aria, la terra, il fuoco e l'acqua sono i cinque mahabhutas e corrispondono, rispettivamente, alla leggerezza, alla ruvidezza, al calore, il freddo e la pesantezza.

Il corpo umano è sostanzialmente composto dai tre doshas, vata pitta e kapha, e lo studente, o il principiante, dovrebbe porre la sua massima attenzione a questi, essendo la base fondamentale di tutta la medicina ayurvedica.

Quando il Prana entra nel corpo, dandogli vita, I tre doshas – vata, pitta, kapha-, emerge e attiva i meccanismi fisiologici.

Vata è composta di aria e etere, pitta dal fuoco, e kapha da terra e acqua.

Sono chiamati anche dathu, doshas e mala, coinvolti in ogni fase fisiologica fino a quelle delle escrezioni e della sudorazione.

I tre doshas sono presenti in tutto l'organismo, e si collocano nella testa e sopra e sotto il diaframma.

Così come la terra è sospesa e mantenuta dalla componente aria, ricevendo e rilasciando, il corpo è sostenuto e mantenuto dai tre dosas e dalle loro rispettive funzioni.

I tre doshas, come i gunas, sono di natura contrapposta e, grazie alla loro natura contraria, mantengono l'equilibrio necessario in questo perenne gioco di armonia generale.

Vata non è unto, è leggero, asciutto, freddo, sottile, in movimento, mai stabile, ruvido e mai sottile. Pitta è leggermente unto, caldo, tagliente, liquido, acido, pungente e in movimento. Kapha, è pesante, freddo, dolce, unto, stabile e sottile.

Quando i doshas vengono trattati con una medicina vengono ridimensionati, allo scopo di riequilibrare e riportarli alla loro rispettiva pacificazione e coesistenza.

Funzione dei Doshas:

Vata: la parola Vata deriva dalla radice del verbo "va" che significa "muovere", "informare", "sospingere", che sono infine le stesse azioni di vata.

Entusiasmo, respirazione, movimento, il trasporto naturale dei dathus, le sostanze nutrienti, la corretta eliminazione degli escrementi, sono le funzioni di vata.

Pitta: La parola Pitta deriva dalla radice del verbo "tapa", che significa "riscaldare". Tutte le funzioni di Pitta hanno a che vedere con l'azione dell'agni, il fuoco: la digestione del cibo, il mantenimento della temperature corporea, la sete e la fame, la vista, la lucentezza della pelle, l'allegria e l'intelletto.

Kapha: altrimenti detto "saleshman" che deriva dal verbo " slisha", che significa "abbracciare", ovvero ciò che unisce, che cura e che indica le funzioni proprie a kapha. L'umidificazione e l'untuosità, il legare, l'unire e il procurare fermezza, la pesantezza e la virilità, come la forza fisica, la pazienza, assenza di avidità, sono legate a kapha.

LE FASI DEI DOSHAS:

I doshas passano attraverso tre fasi: sthana (stato di quiete), viriddhi (aumento), ksaya (decrescita).

L'aumento, viriddhi, è di due tipi: sanoaya e prakopa, ovvero accumulazione e aggravamento.

Sthana è la fase normale, quella delle quiete, mentre ksaya si presenta quando si scende al di sotto del livello normale dell'attività.

I Doshas mostrano la loro normale funzione quando si trovano in stato di Sthana, ovvero di quiete normale, mentre sono particolarmente pronunciati in stato di viriddhi e indeboliti nello stato di ksaya.

Vriddhi e Ksaya sono quindi due stati di anomalia rispetto alla normale quiete Sthana

LE CAUSE DELL'AGGRAVAMENTO DEI DOSHAS:

Vata si aggrava quando il ruvido, l'acido, l'amaro, l'astringente o la sostanza pungente aumentano; il digiuno, la soppressione delle normali esigenze fisiologiche, l'esacerbazione dell'attività fisica e mentale, il troppo freddo, il consumo eccessivo di energia e dei dathus, la preoccupazione, l'insonnia, la vecchiaia, l'ultimo momento della notte o del giorno, e subito dopo aver mangiato.

Pitta si aggrava con alimenti troppo piccanti, acidi, caldi, sostanze irritanti; anche la rabbia, il prendere troppo sole, il momento della digestione, a mezzogiorno, a mezzanotte, la gioventù e durante l'autunno, sono momenti e situazioni che possono aggravare pitta.

Kapha si aggrava con l'eccesivo consumo di cibi dolci, acidi e salati, unti; la sostanze pesanti, dormire di giorno, la mancanza di attività fisica, la primavera, la prima fase del giorno e della note, l'infanzia, sono momenti e situazioni che possono aggravare kapha.

SINTOMI DI AGGRAVAMENTO DEI DOSHAS:

Vata : l'aggravamento di Vata dà luogo a dolori di pancia, dolori in generale, rigidità, contrazioni, al cambiamento del colore della pelle verso il pallore e la lividità, la pelle ruvida e secca, la perdita del sonno, la mente instabile, la digestione irregolare, la percezione alterata dei sapori, secchezza in bocca.

Pitta: L'aggravamento di Pitta dà luogo a eccessiva sudorazione e traspirazione, sensazioni di bruciore, pirosi, perdita di coscienza, sete, ingiallimento della pelle, degli occhi e delle urine.

Kapha: l'aggravamento di Kapha dà luogo a pesantezza, diminuzione del fuoco digestivo, nausea, salivazione, lassitudine, sensazione di troppo dolce in bocca, pizzicori alla gola, sonnolenza, sonno eccessivo, depressione del corpo e della mente, pallore e problemi di crescita.

IL TRATTAMENTO DEI DOSHAS:

Vata, Pitta e Kapha dovrebbero essere eliminati con I clisteri, le purghe e il salasso.

I dosas, così trattati, ovvero con terapie dell'eliminazione, non vengono però esattamente curati.

La terapia per eccellenza, conosciuta come "panchakarma", ovvero delle "cinque tecniche" (anticamente riferite al clistere, alla purga, ai clisteri non unti, unti e allo "spegnimento del fuoco"), riguarda soprattutto la dieta, la farmacopea e l'attività fisica.

Vata viene calmato, così come "un amico", dall'assunzione di cibi dolci, aspri e salati, con il riposo e tonificandolo.

Pitta si calma con il dolce, l'amaro, l'astringente, la consolazione, e con piccolo gocce di acqua fredda.

Kapha, ha bisogno dell'amaro, dell'astringente, del piccante, con applicazioni che disinfettino, con il caldo e il ruvido, con la veglia notturna e l'attività fisica.

Quando i dosas appaiono aggravate danno luogo alla comparsa di sintomi anomali, possono perdere la loro forza quando diminuiscono, e dovrebbero sempre mostrarsi equilibrate fra di loro.

DATHU

I Dathus sono le qualità che mantengono e incidono sul nutrimento del corpo.

Sono divisi in 7: rasa (ciclo), rakta (sangue), mamsa (muscoli), medas (massa grassa), ashti (ossa), majja (midolli), sukra (seme).

Questa ultima sostanza, sukra, è conosciuta anche come ojas e prodotta da kapha, è responsabile della forza e del vigore del corpo, così come della sua longevità.

Il Rasa-dathu risiede nel cuore ed è pompata dalla forza vayu o vyana, ovvero i canali energetici che apportano il nutrimento a tutti gli altri dathus.

Un datu nutre il successivo, come in un eterno circolo a catena, e sono responsabili delle rispettive trasformazioni e produzioni, come il sukra, che viene prodotto una volta ogni mese.

Sukra non si manifesta nell'infanzia, emerge successivamente e si asciuga via via che si invecchia, trovandosi al pieno della sua fioritura nella giovane età adulta.

CAPITOLO III

I CONCETTI BASE

Il medico Ayurveda, per poter meglio comprendere la Ayus, la scienza della vita, dovrebbe, innanzitutto, conoscere le "sei padarthas": samanya (similitudini), visesa (differenze), dravya (sostanza), guna (qualità), karma (azione), samavaya (attitudini, inerenza).

Di tutte queste, dravya, ovvero la sostanza, resta quella fondamentale e centrale, in cui guna e karma sono racchiusi, e con l'inerenza, ovvero samavaya, concorrono alle samanya, ovvero le similitudini e le differenze, visesa.

Dravya fa parte del substrato con guna e karma ed è responsabile di tutte le cause materiali e degli effetti che si generano dall'interazione con guna.

Il karma viene definite dalla congiunzione e dalla disgiunzione del dravya.

Parte dallo sforzo e si manifesta con l'apparizione degli organi e dei tessuti.

Samavaya, ovvero le similitudini, sono dovute dalla costante relazione tra dravya, guna e karma.

Dove samavaya presenta le similitudini nell'unione, così il suo opposto, ovvero i visesa, compaiono al momento della separazione.

Così il medico, conosciute le similitudini, le differenze, le sostanze, le qualità, l'azione e l'intenzione, ovvero l'attitudine, può osservare con attenzione i dosas e i loro mutamenti, in modo da governarli ed indirizzarli verso l'armonia, in cui tutti questi aspetti concorrono quando sono tra loro perfettamente bilanciati.

DESA, L'HABITAT

Geograficamente gli habitat sono divisi in sei zone: la foresta, gli oceani, le zone aride, la collina, la parte sommersa e il centro.

Nella foresta predomina vata, nell'oceano kapha e pitta, nelle zone aride vata e pitta, in collina vata e kapha, nella parte sommersa kapha, mentre il centro è il luogo ideale in cui i tre doshas sono in perfetto equilibrio.

Per questo è molto importante quale doshas prevale in quale zona, ciò determina ovviamente anche la scelta della dieta particolare, e quindi dei cibi che vanno assunti in quella determinate circostanza, al fine di mantenere equilibrio ed armonia internamente ed esternamente.

BALA, LA FORZA

Bala è la forza che domina ed è generata dal corpo. Ce ne sono di tre tipi: superiore, inferiore e nella media. Può essere congenita, generata dalle sostanze che si assumono, come il cibo o le droghe, oppure può derivare da fattori temporali (ad esempio l'età).

KALA, IL TEMPO

Secondo la posizione del sole, e quindi orientando il tempo sui due solstizi, quello di primavera e quello invernale, l'anno secondo l'Ayus è diviso in due.

Dipende dalla predominanza del sole o della luna, il tipo di energia che viene diffusa. Il freddo, il caldo, le piogge, tutto dipende dal ciclo solare e lunare.

Gli stati dei doshas, sicuramente, mutano di conseguenza, a seconda del periodo dell'anno in cui ci si trova e a seconda della stagione.

In India le stagioni sono sei, ovvero: quella piovosa, l'autunno, il primo inverno, l'inverno pieno, la primavera e l'estate.

Vata si accumula durante l'inverno e nelle stagioni piovose, mentre pitta nella stagione piovosa e d'autunno. Si accumula kapha d'inverno e si aggrava in primavera.

SATTVA, il potere della mente

Sattva, come Bala, è di tre tipi: superiore, inferiore e nella media. Dipende tutto dalla forza interiore di un individuo.

VAYAS, L'ETÀ

L'età di un uomo è divisa in tre: infanzia, età adulta e vecchiaia. Kapha è maggiore nell'età dell'infanzia, mentre incrementa pitta in età adulta e resta predominante vata in vecchiaia.

PRAKRTI, LA COSTITUZIONE

La costituzione di una persona è determinata dalla presenza in differenti quantità dei rispettivi dishas, vata, pitta, kapha.

La persona Vata è impaziente, non stabile, ama la musica, è incostante, spesso avversa al freddo, e presenta la pelle, le unghie e I capelli più fragili. È magra, agitata, alza spesso la voce, e anche le sue relazioni sociali non sono stabili.

La persona pitta è intelligente, potente, capace di dibattere e discutere, emotiva, non ama il caldo.

Coloro che hanno costituzione kapha sono belli, non è avida, è ferma, stabile, forte, tollerante, fedele, compassionevole.

La costituzione si basa anche sui tre aspetti psichici, sattva, rajas e tamas.

Positiva, intelligente, allegra, critica è la persona sattva. Quella rajas, è coraggiosa, rabbiosa, passionale, intollerante, avida, egoista, ama la violenza.

Il tipo tamas è matto, instabile, sporco, non si lava, non ama le brave persone e mangia male.

CAPITOLO IV

L'ANATOMIA NELLA MEDICINA AYURVEDICA

Il corpo umano è composto dai cinque mahabutas, prodotto della combinazione di prakrti e purusa.

I cinque mahabutas, ovvero i cinque elementi, etere, aria, acqua, fuoco e terra, derivano dall'incontro di due forza cosmiche, il prakrti che è cieco e il purusa non regge.

La parola "sarira" significa decadere.

La parola "deha" denota il carattere anabolico di un corpo vivente, così come "maya" alla cui caratteristica si aggiunge l'anima.

Questo ci fa comprendere come il corpo umano non sia altro che un frammento dell'intero universo, che a sua volta è composto dai cinque mahabutas e che a sua volta è il prodotto di purusa e prakrti.

Questo insieme universale viene anche racchiuso nel corpo umano, specchio dell'universo, in cui si riversano in misura diversa i tre doshas, e in cui l'animazione del rana dà origine alla vita.

Tutto decade. Tutto volge al suo punto di entropia massima e tutto, anche quel processo di decadimento, fa parte dell'universo, in cui coesistono nascita e morte, all'infinito.

Il corpo umano, secondo la vision della medicina ayurvedica, si suddivide in sei parti:

Quattro estremità, il tronco e la testa.

Il cranio, l'ombelico, la fronte, le pelvi, le ginocchia, la vita, sono sotto-parti.

TVAK è la pelle; copre l'intero corpo e da in cima la testa alla punta dei piedi. Ha sette strati. Esistono anche sette membrane che separano i dathu, quindi i tessuti e gli organi, dalle parti cave del corpo.

ASHAYA sono le viscere e sono connesse dagli Srotas, ovvero i canali, come abbiamo visto anche più sopra.

ASHTI sono le ossa; sono come il legno degli alberi, la parte più rigida, quella che sostiene il corpo. Le ossa sono collegate fra loro dalle articolazioni, e l'intero scheletro umano è interconnesso grazie a numerosi legamenti

PESHI sono i muscoli; sono attaccati alle ossa con delle corde, conosciute come tendini. Grazie a queste corde, ai muscoli è permesso mettersi in azione e di concerto permettere all'intero corpo di muoversi.

NADI sono i nervi; sono la struttura filamentosa che, attaccata al cervello centrale, si ricollega anche alla spina dorsale. Sono diffuse in tutto il corpo, dalla punta della testa fino ai piedi e trasmettono, come un grande circuito elettrico, tutte le sensazioni, oltre a controllare ogni movimento del corpo.

DHAMANI sono le arterie; sono quei canali in cui viene trasportato il sangue, che scorre grazie alle pulsazioni del cuore e viene così sospinto all'interno di queste. Shira, le vene, sono quei canali che riportano invece il sangue di nuovo verso il cuore. Tra loro, esistono ulteriori piccoli canali, i capillari, chiamati, Keshika, che si diffondono come una rete sottile e permettono di diffondere i rasa, i nutrimenti ad ogni più piccolo parte del nostro corpo.

HRDAYA è il cuore; questa parola significa ricevere, provvedere, e muovere il ciclo (cardiaco). Il cuore è la fonte della vita, se si ferma si muore. Ecco perché si pensa che sia anche la sede della coscienza.

È il ricettacolo dei rasa e di Rakta, il sangue.

Rakta, distribuisce a tutto il corpo il nutrimento

di cui ha bisogno, quel nutrimento puro che è stato prima purificato dall'agni, presente nello stomaco, e poi ulteriormente selezionato nell'intestino tenue, che trattiene le parti più pure ed essenziali per inviarle, attraverso questi canali, attraverso il resto del corpo.

Il "loto del cuore" è proprio situato al centro del nostro corpo, in mezzo al petto, tra i due polmoni, fonti di vita e sede del respiro, con a destra il fegato e a sinistra la milza.

I due polmoni purificano il sangue impuro, costantemente, grazie "al nettare del cielo", ovvero l'aria che respiriamo.

Il fegato è la radice di tutti i canali che trasportano sangue, e svolge diverse funzioni. Così come la milza, organo fondamentale, il sangue, anche qui, risiede, e qui vengono prodotte le sue cellule. Quando si ingrossa, il corpo perde sangue.

Dopo la separazione dei rasa, ovvero le

essenze, e dei mala, ovvero gli escrementi, tutto ciò che resta di puro all'intestino viene assorbito e trasportato al cuore, mentre il resto viene espulso attraverso l'ano.

Bashti, ovvero la vescica urinaria, raccoglie l'urina che si forma nei reni, Vrikka, attraverso l'uretere e viene espulsa dall'uretra.

Sukra, ovvero l'essenza che feconda, è contenuta in tutto il corpo e si manifesta nella vescica seminale, ovvero shukrasaya, e durante l'orgasmo sessuale viene rilasciata dall'uretra.

Lo YONI, ovvero i genitali femminili, ha tre strati; nel suo ultimo strato è sito l'utero, tra la vescica urinaria e il retto.

La testa è la sede del cervello e del prana, dei sensi che governano l'intero organismo.

La testa è anche uno dei "marma" principali, poiché un suo difetto o incidente, può causare gravi conseguenze. Cuore, testa e bashti (la vescica), sono I "trimarmas", e sono i principali, quelli vitali. Esistono 107 marmas in tutto.

CAPITOLO V

LA FISIOLOGIA NELLA MEDICINA AYURVEDICA

MALA

Urine, feci, sudore, sono gli escrementi, le tossine che il corpo va eliminando dal cibo processato e non utile da trattenere.

Sono selezionate, divise dalle essenze, raccolte nei loro appositi canali e siti. I mala sono formati dai dathus, prima in forma integrale e poi subiscono una separazione, dalla porzione più fine ed essenziale da quella più grossolana.

AGNI

Agni è l'agente che non muta mai, coinvolto nel processo di paka, ovvero la digestione e la trasformazione. È diviso in molte parti, tra cui il Vaisvanara, presente in ogni essere vivente, ed è il più importante per il processo digestivo, che trasforma il cibo in rasa e mala.

Ogni tipo di agni particolare si occupa di una parte speciale del cibo e agisce su di essa, dividendo il cibo dalla parte essenziale e quella di scarto.

SROTAS

I Srotas sono i canali energetici, come le vene, le arterie, e letteralmente significa "spazi vacui".

Trasportano tutti i tipi di nutrimento, i rasa, i dosas e I malas.

Dathus sostengono il corpo e lo nutrono, nutrendo così anche i rispettivi e successive dathus a loro volta, che viene digerito grazie ad agni e poi trasformato per essere, infine, trasportato dagli srotas.

Gli srotas sono infatti importanti per il processo metabolico.

CAPITOLO VI

LE BUONE ABITUDINI

Le buone abitudine quotidiane, come la dieta, il comportamento e i movimenti, che vengono osservate dall'individuo nella loro pratica routinaria, sono conosciute come Svasthavratta.

La scienza medica ha due obiettivi: la prevenzione dalla malattia, e quindi la promozione della salute e la cura della malattia nel caso questa insorga, preferendo sempre di evitare che ciò possa accadere.

Per questo, l'individuo dovrebbe sempre osservare una dieta corretta e avere un'alimentazione equilibrata, correggere il proprio comportamento e praticare esercizio fisico.

Qui, di seguito, troverete i consigli che

l'ayurveda dispone ai propri studenti, e che dovrebbero essere osservati ogni giorno e ogni notte:

DINACARYA – routine giornaliera

Per mantenere una buona salute, è giusto alzarsi al mattino presto e, appena svegli, praticare la meditazione.

Dopo aver meditato, si passa alla pratica di purificazione del corpo, attraverso una attenta toeletta: ci si lava il viso, le mani, i piedi, la bocca e i denti, si espellono le urine e le feci e ci si lava bene.

Bere acqua appena si aprono gli occhi è un ottima abitudine, aiuta a sciacquare via dal corpo i depositi della notte e mantiene il corpo giovane.

Dopo la toeletta, si dovrebbe uscire per una camminata mattutina, in uno spazio all'aperto, con aria pulita, preferibilmente in mezzo alla natura ed eventualmente fare qualche esercizio di yoga, praticando alcuni Asana secondo le proprie capacità.

In seguito, ci si riposa. Ci si può rilassare, con un buon massaggio, massaggiando il corpo con olio, e poi farsi un buon bagno caldo.

Dopo il bagno, si pratica il Pranayama, ovvero gli esercizi di respirazione che aiutano corpo e mente a mantenere uno stato di perfetto equilibrio.

Si fa colazione.

Dopo la colazione, si comincia a lavorare e il lavoro è una parte importante per il mantenimento dell'equilibrio psico-fisico dell'individuo, da tenere in alta considerazione.

Il pranzo verrà consumato dopo sei ore, e non oltre, dalla colazione.

La dieta deve essere armoniosa, non unta, leggera, nutriente, tiepida.

Alimentarsi con serenità è importantissimo, eventualmente circondati da persone che concorrono all'armonia dell'atmosfera comune, altrimenti preferibile mangiare da soli, in tranquillità e in un pacifico silenzio. Non si parla e non si ride quando si mangia.

Dopo il pranzo ci si sciacqua la bocca e si possono masticare foglie di betel (in India molto comuni), che rinfrescano e aiutano la digestione.

Si dovrebbe evitare di dormire di giorno, poiché ciò appesantisce l'organismo e i pensieri.

D'estate è consentito fare un riposino dopo pranzo.

Nel pomeriggio, dopo il riposo, si torna al lavoro. Ognuno di noi dovrebbe sempre lavorare con passione e devozione. È molto importante.

Alla sera, dipende dall'età, si può giocare, fare

una passeggiata, fare altri piccoli esercizi fisici e fare ricreazione, come meglio si crede.

Se alcuni di voi preferiscono la tranquillità, possono meditare, sedersi su un fiume, in riva al lago o andare nel parco per un po' di pace.

RATRICARYA – routine notturna

Durante la notte, dopo aver terminato il proprio lavoro, si dovrebbe consumare un pasto, e poi andare a dormire senza essere troppo appesantiti, e in un letto che sia fresco e pulito.

Anche l'attività sessuale prima di dormire è consigliata.

Da evitare l'eccesso di attività sessuale, non fa bene a sé stessi né agli altri.

Secondo l'Ayurveda, il celibato sicuramente è uno dei segreti per la longevità e la felicità, poiché il seme non viene mai disperso e ciò consente al corpo di rimanere più in vita.

Dormire rimuove tutta la fatica accumulata durante il giorno, è ristorativo e restituisce alla mente e al corpo la freschezza necessaria per ripartire il giorno successivo.

RTUCARYA –routine stagionale

Esistono sei stagioni: varsha, sarad, hemanta, shishira, vasanta e grishma, ovvero, rispettivamente, la stagione delle piogge, l'autunno, il primo inverno, l'inverno inoltrato, la primavera e l'estate.

Il ciclo della vita e delle energie annuali è dominato dalla presenza e dall'intensità del sole e della luna. La luna predomina nelle fasi della creazione e della produzione della forza, mentre il sole è intenso quando l'energia si manifesta e concorre anche al consumo della stessa energia.

VARSHA RTUCARYA – routine della stagione

delle piogge

Durante la stagione più piovosa, a causa della molta umidità, cala il fuoco digestivo e anche l'eliminazione degli escrementi è più lento, si aggrava dunque vata.

Va dunque protetto il fuoco digestivo, e si dovrebbe seguire una dieta non troppo pesante, aiutandosi anche con il consumo di tisane tiepide con l'aggiunta di miele.

La dieta dovrebbe consistere nel consumo principalmente di cibi salati, grassi e acidi, per aiutare a calmare Vata, bevendo acqua fresca se fa caldo, o tiepida se fa freddo.

Il corpo deve essere mantenuto pulito, massaggiato, e praticare lo scrub anche è consigliato di questa stagione. Dopo il bagno, profumarsi con polvere di sandalo è la migliore abitudine che si può prendere.

La casa in cui si abita deve essere accogliente,

in ordine, fresca, pulita e non umida. Tenerla sempre asciutta aiuta anche il corpo a mantenere il suo equilibrio.

Evitare di dormire di giorno di questa stagione, di stare troppo all'aria aperta, di bere troppa acqua e troppa acqua fredda, e limitare gli eccessi sessuali.

SARAD RTUCARYA – routine autunnale

In questo periodo Pitta va accumulandosi.

Si aggrava, infatti, in autunno e causa spesso sensazioni di bruciori diffuse, come quello di stomaco. La dieta dovrebbe includere cibi dolci, amari, freschi e leggeri, che aiutano pitta a calmarsi. Ogni tanto è buona abitudine praticare una purga e osservare un leggero digiuno, almeno per un giorno, consumando solo tè, preferibilmente verde e poca aggiunta di miele o zucchero. In autunno si deve evitare l'esposizione al sole, gli oli, i grassi, la carne troppo pesante (meglio la cacciagione), dormire di giorno, ed esporsi troppo al vento.

HEMANTA RTUCARYA – routine del primo inverno

Durante l'inverno, a causa del freddo, il fuoco è diretto verso l'interno, e il fuoco digestivo si rafforza, permettendoci così di digerire cibi più pesanti.

La dieta consigliata include cibi dolci, unti, aspri, salati; anche il latte e i suoi prodotti, così come i cereali e le carni più dolci.

Un bagno caldo, ogni giorno, è un'ottima abitudine dopo aver eseguito gli esercizi di routine, e dopo il bagno si consiglia un buon massaggio con olio.

L'acqua calda, abiti caldi, una stanza tiepida ed accogliente, lenzuola fresche ma confortevoli, sono importanti di inverno. Si deve evitare una dieta troppo leggera, gli elementi ruvidi, si preferiscono quelli accoglienti e morbidi.

Non esporsi al freddo, fare attenzione ed evitare di esporsi anche al vento.

SHISHIRA RTUCARYA – routine in pieno inverno

Durante il periodo di Shishira, ovvero del pieno inverno, si procede osservando le stesse regole del periodo Hemanta, ovvero del primo inverno, facendo ancora più attenzione al freddo se le temperature dovessero diminuire drasticamente.

VASANTA RTUCARYA – routine primaverile

In questo periodo Kapha va in eccesso, anche a causa dell'accumulo invernale esasperato dai raggi del sole, che diventano in questo periodo più forti e, quindi, le patologie da kapha insorgono proprio in questo periodo.

Per l'eliminazione di kapha si devono dunque seguire precisi accorgimenti, con una dieta che includa grano, orzo, esercizio fisico e bagni caldi. Camminare sia al mattino che alla sera è un'ottima abitudine per ridurre l'accumulo kapha.

GRISHMA RTUCARYA – routine estiva

D'estate il sole, con i suoi raggi al massimo della loro potenza, tende a esaurire l'energia degli esseri viventi. La dieta, indicata in questo periodo per prevenire l'esaurimento energetico, consiste nell'assunzione di cibi unti, freddi, liquidi, dolci; anche lo yogurt è un ottimo alimento, senza eccedere. Il riso con aggiunta di ghi e anche un bicchiere di latte dolcificato sono ottimi rimedi. Dormire dopo pranzo, in un ambiente areato e fresco è ottimale. Di notte la tradizione vuole che si dorma nella stanza più alta della casa, con il tetto aperto.

Il bagno deve essere preso in acqua fresca, meglio se in un fiume, e dopo di esso è buona abitudine cospargere il corpo di polvere di sandalo.

Prendersi dei momenti di relax, su una comoda sedia o poltrona e sempre in ambienti freschi e areati, aiuta a rinfrescarsi dal caldo estivo.

Evitare cibi troppo acidi e aspri, caldi, salati e secchi, e limitare l'attività fisica da non eseguirsi mai sotto il sole.

CAPITOLO VII

IL CIBO

Diceva Charaka che la vita di tutti gli esseri viventi è il cibo, tutti hanno bisogno di cibo e tutti lo cercano. La carnagione, la lucidità, la bella voce, la longevità, la capacità di comprendere, la felicità, la soddisfazione, la crescita, la forza e l'intelligenza, si fondano tutte sul cibo. Di tutto ciò che promuove la felicità terrena, di tutto ciò che riguarda i sacrifici vedici e di ogni azione che conduce alla salvezza spirituale, si dice che sia basato sul cibo.

L'alimentazione corretta è essenziale, e non vi è nulla di più importante poiché, secondo l'Ayurveda, si è ciò che si mangia.

È grazie al cibo che assimiliamo le sostanze nutritive vitali, ed è grazie a queste sostanze che vengono prodotti i tessuti, le ossa e il sangue, che si manifestano nella loro qualità.

Un cibo di cattiva qualità induce a produrre sangue e tessuti e ossa di cattiva qualità, un cibo sano, invece, concorre alla produzione di tessuti, organi, sangue, ossa di migliore qualità.

Secondo l'Ayurveda poi, il cibo che assumiamo andrebbe prodotto con le nostre stesse mani; non un caso che molti cuochi, in India, siano anche brahmini, ovvero sacerdoti.

Assumere cibo e digerirlo, significa offrire al fuoco sacro un sacrificio. Quel fuoco sacro dell'organismo è il nostro potere digestivo che viene assunto dallo stomaco.

Come un alchimista, noi siamo i sacerdoti del nostro fuoco interiore, e siamo in grado di trasformare le materie prime grazie alle funzioni del corpo, in rasa e ojas.

Ogni pensiero, ogni nostra azione, è responsabile di questa trasformazione che avviene dentro di noi e, come bravi cuochi in cucina, assimiliamo cibi abbinandoli con altri, assumendoli in alcune ore particolari della giornata e così via, in modo da creare "ricette interiori" che ci permettano di produrre quelle sostanze essenziali e più pure che nutrono il nostro corpo e la nostra mente.

Non tutti i cibi sono indicati per ognuno di noi, perciò le ricette variano.

A seconda della costituzione, della stagione, dello stato emotivo, delle circostanze, verranno assunti, per una corretta alimentazione di spirito e corpo, alimenti differenti, cotti in modo differente.

La digestione si divide in tre fasi: quella a "crudo", in cui agisce kapha, e in cui il gusto predominante sarà quello dolce. La seconda fase è quella di "cottura", in cui il gusto predominante è quello acido, coinvolge l'intestino tenue ed è un'azione dominata da pitta. Infine, la fase che avviene nel colon, governata da vata, in cui il cibo ha raggiunto la cottura completa e dove prevale il gusto piccante.

Il cibo crudo è impuro, perciò necessita della purificazione messa in atto dal fuoco digestivo pitta, in modo che possa infine essere assimilato bene dall'organismo.

Sostanzialmente i cibi si dividono tra cibi "freddi" e cibi "caldi", suddivisi a loro volta nei cinque sapori "piccante", "acido-aspro", "amaro", "dolce", "salato".

Il sapore è ciò che produce il cibo una volta che questo viene assimilato dall'organismo.

Viene chiamata Virya la Potenza, e quindi quell'effetto che viene prodotto durante la digestione, mentre viene chiamato Vipaka, l'effetto della postdigestione.

I cibi caldi sono generalmente acidi, salati, piccanti, mentre quelli freddi sono amari e dolci, talvolta astringenti.

Gli effetti postdigestivi possono essere di effetto dolce, in cui si genera kapha, si rafforza l'organismo e si accrescono I tessuti; un effetto acido che genera pitta e scalda fino a bruciare i tessuti; un effetto piccante, che accresce vata e asciuga i tessuti.

Vipaka è dunque il sapore del cibo digerito e indica la Potenza energetica di quel cibo.

Importante sarà assimilare il cibo a noi adatto perché siano rispettati i doshas, ovvero Vata Pitta e Kapha che riguardano anche la nostra costituzione, la stagione, il momento della giornata, in accordo con i doshas del cibo, che può essere a sua volta più tendente a vata, a pitta o a kapha.

CAPITOLO VIII
LA NATURA DEL CIBO

Ogni materia prima commestibile, che troviamo in natura, presenta dunque le sue caratteristiche che rispettano la logica dei tre doshas e della natura calda-fredda, che può essere indicata anche come pesante-leggera.

Ogni pasto deve essere equilibrato, ciò significa che deve comprendere alimenti sia freddi che caldi, pesanti e leggeri, in quantità tali da comporre la pietanza nel piatto e in modo che gli ingredienti tra loro siano in armonia.

Generalmente, prodotti come il latte o la carne di manzo sono pesanti rispetto al riso o la cacciagione, considerati più leggeri.

Gli alimenti cotti sono preferiti a quelli crudi perché più leggeri, mentre i prodotti conservati sono più pesanti rispetto ai cibi freschi, che sono considerati leggeri.

Il vino d'annata o i cibi stagionati in generale sono considerati più leggeri rispetto a cibi più pesanti come quelli giovani.

Anche il sesso degli animali incide in questa distinzione: la parte della carne animale superiore sarà più leggera se di animale femmina, mentre per l'animale maschio è considerata la parte inferiore quella più digeribile e quindi leggera.

Tutti gli animali che vivono in habitat pesanti e si nutrono di cibo pesante, come il pesce di lago, le anguille, sono considerati pesanti, proprio come il cibo che essi stessi mangiano.

Leggeri saranno, perciò, rispetto a quelli di lago, i pesci di mare.

Certamente la massa grassa della carne è considerata più pesante rispetto alla parte più acquosa e carnosa, mentre il midollo si presenta più pesante dello stesso grasso.

Il pesce è caldo e dolce, quindi molto indicato per i soggetti kapha; I frutti acidi aiutano pitta, senza aumentare il fuoco, e quindi senza che questo vada in eccesso.

Tutto il cibo puro è sempre preferibile a quello impuro, quindi le coltivazioni che insistono con i pesticidi sono da evitare, l'acqua pura sarà migliore di quella in bottiglia e così via.

Anche il cibo autoctono è preferibile a quello da importo: il caffè, le ananas, il cocco, che non fanno parte della nostra flora, andrebbero consumati soltanto dove vengono prodotti, ovvero all'origine.

CAPITOLO IX
LA COTTURA DEL CIBO

Quando il cibo viene cotto o processato, subisce necessariamente delle modifiche al suo potenziale energetico, e quindi viene alterata la sua tendenza vata, pitta e kapha.

Il cibo fritto è pesante rispetto a quello al vapore, che risulta di natura leggera.

Il miele, che è considerato di natura calda, se viene riscaldato, in realtà, peggiora la sua natura potenziale, diventando ancora più caldo, e potrebbe aggravare pitta e kapha con danni per vata.

Molto importanti sono anche le spezie che vengono utilizzate in cottura, poiché contribuiscono a rendere il cibo più o meno leggero, più o meno caldo, proprio a seconda del risultato che si vuole ottenere, secondo il piatto che vogliamo preparare, rispettando l'armonia generale e, quindi, rispettando sia la natura del cibo che la natura di colui che lo riceve.

Per "raffreddare" il cibo, si possono usare semi di finocchio, oppure il limone, questo può aiutare a mitigare pitta; aggiungere curcuma ai fagioli o alle lenticchie, aiuta a purificare i legumi.

Gli ingredienti un po' piccanti e acidi, come lo zenzero, l'aglio o il tamarindo, molto utilizzati in India, aumentano vata.

Più il cibo è fresco, appena colto, meno cotto, o cotto a vapore anziché fritto o arrosto, più conserva quelle qualità vitali, che quando ingerite infondono a loro volta la vita nel corpo di chi lo assume.

Anche le spezie, quando disidratate, in realtà aumentano e alterano molto di più la loro natura, quindi usare coriandolo o peperoncini freschi, è sempre preferibile ad utilizzare quelli già essiccati.

Mangiare troppo cibo congelato o conservato non aiuta ad assimilare le sostanze vive e l'alimento risulterà molto più pesante rispetto a quello fresco, che è certo più leggero.

Non è grande e buona abitudine, a tavola, quella di consumare cibi sia cotti che crudi durante lo stesso pasto, e nemmeno cibi troppo differenti tra loro, come cibi molto freddi insieme a quelli molto caldi. Tutto però dipenderà anche dalla costituzione e la predisposizione del fuoco digestivo di chi li assume.

Su questo punto, ovvero della Potenza del fuoco digestive di ognuno di noi, dipende anche la quantità del cibo che ingeriamo.

Questo non riguarda tanto quanta fame abbiamo o sentiamo o quanto il nostro stomaco sia capiente, ma dalla capacità singola di digerire il cibo, quindi di quanto sia forte il fuoco di stomaco della persona.

Certo che cibarsi con moderazione è la via più saggia da perseguire e, secondo la regola dell'Ayurveda, si dovrebbe mangiare a pasto un terzo di cibo solido, un terzo di cibo liquido e per un terzo lasciare spazio al vuoto, affinché l'energia possa circolare.

Seguire le stagioni e cibarsi di cibi di stagione è molto importante. Seguire l'andamento del clima aiuta anche il corpo a ricevere e digerire quel determinato cibo, senza richiedere ulteriore energia o alterare i doshas in modo eccessivo.

Ricordate che, avendo un cibo una sua qualità particolare, potrà sortire effetti differenti a seconda della stagione in cui viene consumato: lo yogurt è di natura calda, ma rinfresca se consumato d'estate, perché è anche acido e quindi aiuta la digestione, che in estate rallenta. Se però viene consumato d'inverno, allora potrebbe aggravare kapha, perché è caldo, è aspro, ma è anche pesante e, d'inverno, potrebbe portare a congestioni.

Le regole da seguire sono dunque:

1) mangiare cibi caldi per favorire la digestione;

2) mangiare cibi unti, per aumentare pitta e nutrire i tessuti e l'organismo;

3) dopo la digestione, lasciare sempre un po' di vuoto, affinché circoli l'energia;

4) assumere alimenti sempre in situazioni tranquille, ,e mai di stress. Il silenzio, la buona compagnia e la tranquillità, fanno parte della buona alimentazione;

5) non masticare troppo in fretta o troppo lentamente;

6) mangiare in silenzio;

7) non mangiare quando non si ha fame. Non

digiunare quando si ha fame;

8) non fare passi troppo ravvicinati;

9) mangiare seduti, rivolti verso est;

10) apprezzare il cibo che si ha davanti

11) camminare dopo i pasti;

12) cercare di non mangiare mai pesante;

13) non sprecare il cibo.

CAPITOLO X

GLI ALIMENTI

I cereali sono sempre presenti nella dieta Indiana e non dovrebbero mai mancare secondo la tradizione; per questo il riso, ad esempio, non manca mai, anche se dovrebbe, a volte, essere sostituito anche da altri tipi di cereali. A fianco ai cereali devono esserci carne, verdure, condimenti.

È il cibo tamas che dovrebbe sempre essere evitato. Secondo i tre guna, o triguna, esistono tre livelli di qualità che vengono attribuite all'intero creato e ad ogni suo frammento; queste qualità sono : sattva, rajas, tamas.

Sattva significa virtuoso, rajas attività e passione, tamas è il chaos e la distruzione.

Sattva è il puro, l'altissimo, la qualità più alta e nobile che possiamo ritrovare nelle persone, la qualità divina; nell'attitudine, come qualità etica e anche in ogni materia prima di cui eventualmente ci possiamo cibare, troviamo la qualità sattva. Armonia, purezza, universalità, creatività, capacità di costruire, l'attitudine positive, la luminosità, la serenità, la pace e la virtù, ecco cosa è Sattva.

Parlando di cibo, certamente la carne non è sattva, non lo sono le spezie, non lo è l'alcol, non lo è lo zucchero, il sale, il caffè e nemmeno il tea. Insomma tutto ciò che altera eccessivamente l'equilibrio spirituale, che è troppo eccitante, o eccessivamente sedativo, come alcune droghe, l'abuso di spezie che alterano e aumentano alcuni sapori, non sono sattva e non concorrono al raggiungimento della piena pace spirituale dell'individuo, ma lo allontanano.

L'individuo sattva beve soltanto acqua, non mangia carne, né pesce. Si ciba prevalentemente di vegetali e evita tutto ciò che appartiene al regno animale, poiché rispetta l'universo e, per procurarsi cibo, non ha bisogno di uccidere o violentare la natura. Pratica la preghiera e lo yoga costantemente, ogni mattina e ogni sera fa meditazione.

Frequenta persone che concorrono alla sua armonia e crea a sua volta armonia. Studia, si accultura, lavora con serenità, e segue tutte le buone abitudini dell'ayurveda.

Rajas è il terrestre, l'emozionale, il passionale, simboleggia l'attività e l'attività essa stessa, spesso egoista o incentrato su sé stesso, l'individuo rajas si muove, è molto attivo e dinamico; consuma carne, può usare spezie, ma non abusarne. Le spezie di per sé sono tamas. Sono le abitudini comuni ad essere rajas e la tendenza a scadere nell'emotività che può portare ad una alterazione dello spirito, e quindi, di conseguenza, alle attività fisiologiche del corpo. Il Rajas tende verso il sattva, altrimenti torna ad essere tamas.

Tamas è l'oscuro, l'ottuso, l'ignoranza, la stupidità, lo sporco, l'eccessivo, il negativo, il distruttore, la delusione, l'indolente, l'inattivo, l'apatico, l'antipatico, il violento e il vizioso. Tutte le droghe sono tamas, l'alcol è tamas, l'incostanza, la mancanza di rispetto, le cattive abitudini, l'accesso sessuale, la volgarità sono tamas. Quindi l'eccesso in dolci, o cibi sempre fritti o troppo spesso unti, sono tamas. Abusare delle spezie è tamas, come il caffè, il tè, che sono bevande eccitanti, sono tamas.

Anche se il vegetarianismo è molto praticato presso gli induisti, per l'ayurveda ciò non è dispensabile per raggiungere la pace spirituale e una perfetta sintonia con la propria salute.

È una scelta, ognuno di noi ha il proprio percorso, la propria storia, la propria costituzione, le tradizioni e abitudini diverse.

In generale si può comprendere che sopprimere un animale è comunque un'azione violenta, ma essendo noi parte di un sistema molto più grande del solo mondo umano e molto più complesso nel suo insieme, facciamo parte, dunque, anche di questo universo che contempla ogni sorta di energia, anche la violenza.

Ogni azione negativa , però, non va sprecata e lo spreco di energia porta ad alterazioni dell'armonia e dell'equilibrio. Perciò, sia per caratteristiche intrinseche alla stessa carne, sia per come viene procacciata, la cacciagione viene così preferita dall'ayurveda rispetto alla carne di allevamento, che spesso comporta una vita triste ed energeticamente deprimente per l'animale che è nato per stare in libertà.

Oltretutto, spesso, all'interno degli allevamenti si pratica quello intensivo, con il sovraffollamento degli spazi, cattive qualità igieniche degli animali costretti a stare in molti in piccolo spazi, la qualità del loro cibo non è fresca e non è la migliore, spesso pieno di pesticidi; gli animali negli allevamenti vengono poi sottoposti a trattamenti farmacologici per non farli ammalare in quelle condizioni, ma tutto ciò che ingeriscono, lo ingeriamo anche noi nel momento in cui quella carne arriva sul nostro piatto.

Vale lo steso per la verdure e la frutta. Come abbiamo più volte ripetuto sopra, è sempre preferibile il cibo fresco e appena colto a quello che proviene da coltivazioni intensive o conservato nei frigoriferi, peggio ancora congelato o surgelato.

La materia prima è perciò importante, e si parte da quella per il rispetto primario che possiamo portare al nostro corpo, così come del nostro spirito.

Siamo ciò che mangiamo.

Il cibo sattva è in generale il cereale, lo yogurt, l'olio sempre a crudo, la mandorla, ma anche la noce, e il dissetarsi con sola acqua.

È rajas, il cibo molto saporito, con spezie, salato, sott'olio, la carne, il pesce, le uova, il vino con moderazione.

È tamas, lo zucchero , I grassi animali, il cibo eccessivo, riscaldato, avanzato, essiccato, conservato, aromatizzato.

I CEREALI

IL GRANO:

Il grano è dolce, pesante e oleoso. È responsabile della consistenza di tutti i tessuti e degli organi, è energizzante e riequilibrante. Aiuta Vata e Pitta.

IL GRANOTURCO

È asciutto e caldo. Quando assunto senza condimento, senza olio ad esempio, aumenta Vata.

L'ORZO:

È asciutto, fresco, dolce, leggero, aumenta Vata, aiuta l'intestino, riequilibra, può essere astringente, rivitalizza, cura Kapha e Pitta. Ottimo come ricostituente.

IL RISO:

Il riso, come abbiamo detto, è sempre presente nell'alimentazione, specialmente quella Indiana.

È dolce, freddo, leggero. Compatta le feci, cura pitta, favorisce Vata. È ricostituente, ma si dà anche al malato. Cura le infiammazioni intestinali, può essere più nutriente e stimolante con aggiunta di olio.

I LEGUMI

I CECI I PISELLI LE LENTICCHIE:

Sono tutti e tre freschi, leggeri e dolci. Aiutano Pitta e Kapha, e aiutano ad asciugare l'organismo. Se si è in eccesso di Vata sono invece controindicati.

LE LENTICCHIE GIALLE

Molto comuni in India, spesso spezzate, aumenta Pitta. In India si usa per aumentare la lattazione.

IL SESAMO

Anche se non esattamente un legume, è così che, però, viene classificato secondo la tradizione ayurvedica. È dolce, amaro e astringente, caldo e aiuta la digestione.

Ottimo per la pelle e i capelli, ringiovanisce, favorisce la robustezza delle ossa. Cura l'ulcera.

Il suo olio in India è sempre presente nei preparati medicamentosi.

LA CARNE

La carne, certamente, ha proprietà rinvigorenti, ma non è un alimento che l'Ayurveda sempre consiglia. La cacciagione è sempre preferita alla carne di allevamento e alcune carni sono predilette rispetto ad altre, come ad esempio la capra e il pollo rispetto al manzo, che per gli induisti è persino proibita.

CAPRA:

È molto consigliata, non è grassa, non è pesante ed ha forti poteri riequilibranti ed armonizzanti per tutti e tre i doshas.

MAIALE:

È pesante, aumenta la massa grassa, cura vata.

MANZO:

Cura Vata e aiuta a diminuire il fuoco digestivo.

PESCE:

Dolce, pesante, unto, caldo, cura Vata. Come abbiamo visto prima, il pesce di mare è preferibile a quello di lago o di stagno o di fiume, che certamente risultano più pesanti a causa della loro stessa alimentazione; ma mentre il pesce di lago aiuta pitta, nel caso del pesce di fiume pitta si aggrava.

LA VERDURA

L'AGLIO:

L'aglio ha proprietà davvero potenti e, secondo molte leggende e tradizioni, guarisce da moltissime malattie. Con forti proprietà antibiotiche, considerato una panacea, ma può aumentare le tossine nel corpo, altrimenti dette tamas. L'aglio aiuta vata e kapha, aumenta pitta, è pesante, aiuta la vista, e si dice faccia concepire figli intelligenti. Rafforza le ossa, aiuta a curare la tosse, e le patologie vata, come la secchezza della pelle; previene le malattie cardiache e quelle croniche, come l'asma.

È infatti noto che, in caso di assenza di medicinali, come in guerra, l'aglio sia stato sempre molto usato come potente antibiotico, per curare malattie da freddo, la febbre, la polmonite, a bronchite, e altri tipi di influenza.

È facilmente assimilabile dall'organismo e uno spicchio è sufficiente per curare il raffreddore.

Lo stesso aglio ha proprietà antisettiche e viene usato per "disinfettare" il cibo. Può essere assunto fresco, in polvere, sott'olio, e in India è utilizzato per molti preparati medicamentosi.

LA CIPOLLA

Aumenta Kapha e cura Vata. La cipolla, aggrava Pitta. È pesante, piccante se cruda, dolce quando cotta. Stimola il cuore, aiuta la secrezione della bile, quindi stimola la cistifellea, reduce gli zuccheri nel sangue, e anche i gas intestinali .È battericida, e cardiotonica.

Per gli indiani è considerata fortemente afrodisiaca e in grado di aumentare lo sperma. Cura l'alopecia, l'asma, la dissenteria, i calcoli renali, le emorroidi, l'infarto e, soprattutto, i reumatismi.

LO ZENZERO

Come l'aglio, anche lo zenzero è considerato una panacea, altrimenti conosciuto come "il rimedio universale", infatti è molto presente nella cucina Indiana, quasi non c'è piatto che non venga preparato con l'aggiunta di zenzero.

È piccante, dolce, caldo, vipaka dolce. Può aumentare Pitta, specialmente quando crudo e fresco. D'estate, in caso di febbre o malattie della pelle, è meglio non utilizzarlo, proprio a causa del potere stimolante su Pitta.

Favorisce la circolazione, aiuta la digestione, e si consiglia di mangiarne sempre un pezzettino dopo i pasti con un po' di salgemma.

Ha varie proprietà curative e, se applicato in polvere sulla testa e la fronte, cura le cefalee.

Se bevuto in acqua o latte caldi, aiuta a guarire dalle malattie da freddo. Ottimo per la tosse, la bronchite, la nausea a e il vomito, agevola l'intestino e cura I dolori mestruali.

LA FRUTTA

L'ARANCIA:

L'arancia ; dolce, acida, pesante, stimolante. Cura Vata.

LA BANANA:

È il frutto della fecondità, combatte diarrea e stitichezza, quindi resta un toccasana per le funzioni intestinali.

IL DATTERO:

È dolce, pesante e fresco, tonificante. Cura vata e pitta.

IL FICO:

Dolce, nutriente, pesante, fresco, è lassativo e riequilibra vata e pitta.

IL LIME:

Acido, amaro, astringente, raffreddante, vipaka dolce. Può aggravare pitta se consumato eccessivamente. È antisettico, battericida, tratta le eruzioni cutanee e la forfora. Cura la digestione, la stitichezza, aiuta in caso di diabete, cura fegato e milza, i reumatismi.

IL MANGO:

Il mango in India è il Re della frutta. Calma Vata, tonifica il corpo, rinvigorisce. È lassativo e diuretico.

LA MELA:

Cura la stipsi e la diarrea, quindi ha forte potere riequilibrante per l'intestino. È dolce, fresco, vipaka piccante e aumenta vata.

LA MELAGRANA

La melagrana è considerato un frutto magico. È amara, astringente, dolce, freddo. È untuoso, aiuta la digestione, riequilibrante per tutti e tre i doshas. Cura vata e pitta. Ringiovanisce, previene i radicali liberi, specialmente il suo succo. Cura la diarrea e il mal di stomaco.

NOCE DI COCCO:

Dolce, unto, freddo, rinvigorisce l'organismo.

Il latte favorisce i reni, se consumato secco diventa più caldo. L'olio è usato per trattare i capelli.

LA PERA:

Calda, ma non troppo, aumenta Vata, ma è un frutto molto equilibrato per i tre doshas, vata, pitta e kapha.

LA PESCA:

Non molto calda, pesante e dolce. Rinvigorisce, molto consigliata.

L'UVA:

Dolce, fredda, unta. Disseta, cura da patologie da caldo, la febbre, la stanchezza. Se vata e pitta diminuiscono in eccesso, l'uva aiuta a ritonificarli.

Buona anche per la tosse. L'uva è molto consigliata.

LA FRUTTA SECCA

La frutta secca, come le mandorle, le noci, le nocciole, i pistacchi, le arachidi, è pesante, unta, calda. Nutre, tonifica, cura vata, aumenta pitta e kapha. La mandorla, di tutta la frutta secca, è considerata la migliore e con forti proprietà ringiovanenti.

FORMAGGIO E DERIVATI

Non esiste presso la cultura Indiana una grande tradizione di produzione di formaggi; a parte il burro, lo yogurt, il latte ovviamente e qualche formaggio naturalmente cagliato (essendo poi il caglio di per sé di origine animale e vaccino), essendo gli indiani di origine nomade, ciò che più utilizzavano e maggiormente producevano erano proprio il latte e il burro.

IL BURRO:

Il burro indiano non è come il nostro burro bianco, ma subisce un processo detto di chiarificazione, viene cioè fatto cuocere, in modo da potersi conservare anche fuori dal frigo e a temperature ambientali maggiori di quelle a cui noi siamo abituati e soliti mantenere questo cibo.

La chiarificazione aiuta ad eliminare ogni residuo acquoso ed eventuali batteri, di modo che il burro non vada mai a male.

Appare, infatti, più giallo del nostro e molto più dolce al sapore, e viene chiamato ghee o ghi.

È un cibo unto, dolce, fresco, cura vata e pitta. Disintossica e cura la febbre, rinvigorisce.

IL LATTE:

Il latte è considerato, presso gli indiani, quasi un'essenza di lunga vita.

Essendo infatti l'essenza nutritiva che viene secreta dal corpo animale per nutrire il piccolo, è considerato un alimento divino. Fa bene ai bambini, aiuta l'attività sessuale, rafforza i tessuti, rinvigorisce. È dolce, fresco, unto, lucido, mantengono giovane l'organismo.

Cura l'insonnia, placa il fuoco digestivo.

LO YOGURT:

Stimola l'appetito e la digestione. Nutre, è acido, dolce, caldo. Cura vata, aumenta pitta e kapha. Cura la diarrea, la febbre, l'inappetenza. Non indicato durante l'estate, è invece buono per la primavera.

OLIO

Il ghi resta molto più importante ed in cima alle classifiche secondo l'ayurveda. Forse anche per tradizione. Ma certamente l'olio e tutti gli oli di semi, in generale, vengono oggi largamente consumati.

L'olio di sesamo è certamente considerato il migliore anche da consumare internamente, dal momento che molti oli si utilizzano per uso esterno. Questo rafforza i capelli, aiuta il fuoco digestivo, rinvigorisce. Cura vata. È dolce, caldo, aumenta anche kapha.

Gli altri oli sono considerati, in generale, come gli stessi prodotti da cui derivano.

LO ZUCCHERO

La canna da zucchero , molto diffusa in India, viene consumata anche come bibita dissetante, quanto spremuta fresca.

Ha proprietà dunque rinfrescanti e anche lassative.

Il miele, invece, è sempre meglio consumarlo crudo, ma scaldato.

LE SPEZIE

L'ALLORO:

Piccante, dolce, caldo, vipaka piccante. Diminuisce vata e kapha, aumenta pitta. Ottima per i problemi respiratori.

L'ANETO:

Vengono utilizzati soprattutto i semi, ma anche le foglie. Ha molte proprietà, tra le quali cura il gas intestinale, favorisce la digestione.

IL CARDAMOMO:

Dolce, piccante, caldo, ma non influisce su pitta.

Aiuta la digestione, rinvigorisce, ringiovanisce, purifica il calore impuro dell'organismo, cura i gonfiori addominali, la debolezza del cuore, la tosse.

Riduce l'acidità, e infatti in Oriente si usa

anche nel caffè.

LA CANNELLA:

Piccante, dolce, amaro, vipaka dolce. Riequilibra kapha e vata, senza provocare eccesso di pitta. Ha molte proprietà simili allo zenzero. Cura il mal di denti.

IL CORIANDOLO:

Piccante, rinfrescante, stimola l'appetito, cura vata e kapha. Elimina il calore impuro in eccesso dall'organismo.

LA CURCUMA:

Si può mangiare fresca o si può utilizzare essiccata. È un toccasana per il fegato e per tutte le malattie della pelle. Amara, astringente, piccante, riequilibra tutti e tre i doshas, ma può causare un aumento di vata e kapha. È battericida e viene utilizzata moltissimo in cucina. Ha forti proprietà antisettiche ed elimina i veleni dal corpo. Spesso utilizzata anche per curare le ferite.

IL CUMINO:

Piccante, acido, caldo, vipaka piccante. Aiuta la digestione, riequilibra vata e kapha, aumenta pitta. Regola l'intestino.

IL FIENO GRECO:

Il fieno Greco ricorda molto nelle sue proprietà quelle dell'aglio. È piccante, amaro dolce, caldo, vipaka piccante. Fa decrescere vata e kapha. Se consumato in eccesso può aumentare pitta. Ottimo per le malattie polmonari, per placare il sistema nervoso, regolarizza soprattutto il ciclo mestruale.

Si utilizza per purificare l'organismo, quindi cura le impurità della pelle, e rinvigorisce l'organismo.

Cura l'influenza, le malattie da freddo cura l'insonnia se bevuto in tisane, ma anche la depressione e le nevrosi. Rafforza il fegato, se se ne consumano i germogli, aumenta lo sperma.

IL FINOCCHIO:

I semi di finocchio si trovano sempre a fine pasto nei ristoranti, serviti in un piccolo vassoio con dello zucchero. Favoriscono infatti la digestione. Ma si possono utilizzare anche in bevande come tisane e decotti: riduce i gas intestinali e i gonfiori addominali, previene i dolori mestruali e regola il ciclo. Stimola la lattazione.

LA NOCE MOSCATA:

È piccante, calda , astringente, vipaka piccante, stimola la digestione, fa decrescere vata e kapha, aumenta pitta. La sua polvere è un ottimo rimedio per la diarrea, e tutte le patologie intestinali. Favorisce il sonno, cura l'impotenza e l'eiaculazione precoce.

IL PEPE NERO:

Piccante, caldo, vipaka piccante. Diminuisce vata e kapha, aumenta pitta, ma non in modo eccessivo, quindi è considerato un ottimo riequilibrante per i tre doshas.

Viene molto utilizzato per condire verdure, ma anche frutta, in modo da "riscaldare" quelli che sono considerati cibi molto freddi, come anche quelli crudi. Elimina le tossine, cura dalle malattie da freddo, può irritare se consumato in eccesso.

IL PEPERONCINO:

Caldo, piccante, vipaka piccante. Abbassa kapha, aumenta pitta. Controlla vata. Aiuta la sudorazione del corpo e, quindi, l'eliminazione delle tossine, ma se consumato in eccesso aumenta pitta con incremento di vata.

LA SENAPE:

Ne esistono sette tipi; in India si utilizza, quella

rossa, quella Bianca e quella nera . Calda, pungente, ottima come rimedio per patologie da freddo.

LO ZAFFERANO:

Lo zafferano è certamente la più preziosa delle spezie. Vengono collezionati gli stigmi, colti solitamente a mano ad uno ad uno dalle donne. Tipico degli altipiani, come quello del Kashmir, ha antichissime tradizioni. I crochi, cosiddetti, hanno un colore violaceo e vengono colti al mattino presto. Essendo così piccolo, per avere mezzo chilo di zafferano, è necessario raccogliere almeno 100.000 fiori. È piccante, amaro, dolce, caldo, vipaka dolce.

Cura le patologie che affliggono l'apparato riproduttivo, ma è anche considerato davvero la panacea più nobile che la natura abbia mai prodotto. Regolarizza Il ciclo, cura i dolori mestruali, promuove la fecondità.

Spesso aggiunto a latte caldo, è usanza servirlo anche per strada durante l'inverno in India ,ed ha un sapore davvero piacevole e profumato. Libera la testa dall'affaticamento e previene dal freddo. È calmante, anche per la tosse, oltre che per lo spirito. Migliora la qualità della pelle, rinvigorisce, ed è considerata spezia divina.

CAPITOLO XI
LA DIETA

Tre sono I pilastri per una salute ottimale:

La dieta, il sonno, e il celibato.

Il cibo è fonte di vita, e non si può vivere senza di esso. Nutrirsi, dunque, correttamente significa provvedere all'organismo il nutrimento necessario perché questo resti forte, vigoroso, splendente.

Il corpo, a causa del tempo e dell'usura, è destinato al decadimento e durante la vita giunge ad esaurimento, perciò aiutarlo a deperire il più lentamente possibile significa anche consumare cibi adatti e una dieta più equilibrata possibile.

Al momento del consumo dei cibi, si devono osservare questi otto criteri:

La natura del cibo

Il processamento del cibo

La combinazione dei cibi

La quantità dei cibi

Il luogo dove i cibi vengono consumati

Il momento e la stagione in cui si consumano

La digeribilità del cibo

Le regole della loro assunzione

Di conseguenza, il cibo deve essere assunto tenendo sempre a mente questi otto criteri per prevenire ogni insorgere di malattia o deficit energetico, ed eventualmente curare la malattia al primo sintomo.

Si dovrebbe consumare cibo soltanto quando il pasto precedente sia già stato digerito, quindi mai esagerare o ingerire altri alimenti tra un pasto ed un altro, almeno che lo stomaco non si sia propriamente svuotato.

Anche mangiare con regolarità è estremamente importante: non si devono saltare i pasti e non si deve cambiare abitudini continuamente. Consumare i pasti agli stessi orari, tutti i giorni, è sinonimo di saggezza.

La quantità è fondamentale, non si deve mangiare troppo, non si deve mangiare poco e tutto dipenderà dalla nostra costituzione.

La combinazione dei cibi è molto rispettata dall'Ayurveda: non si combinano cibi troppo unti tutti insieme o troppo caldi o freddi. La pietanza deve essere composta in modo equilibrato per combinare le materie prime fra loro e dare una perfetta armonia al pasto.

Generalmente si aspettano tre ore dal pasto precedente prima di consumare quello successivo, per evitare indigestione o debolezza fisica.

Come abbiamo spiegato anche in precedenza, una parte della dieta deve prevedere l'alimento solido, una parte quello liquido, e una parte deve essere lasciata "vuota" per permettere all'energia di circolare, al cibo di essere digerito, e quindi alla trasformazione di avvenire.

Terminare i pasti con un po' di yogurt, latte o burro, aiuta l'individuo a restare forte e in forma.

Troppo pesce causa accumulo di kapha, e lo yogurt non deve mai essere consumato di notte.

Se si soffre di sindromi da eccesso di pitta, evitare il cibo troppo aspro o acido e troppo caldo ed evitarlo soprattutto d'estate, quando pitta è al suo massimo.

Se sono presenti sindromi da kapha, lo yogurt è bene consumarlo con l'aggiunta di miele.

Il riso, la frutta fresca, il sale, l'orzo, il latte, l'acqua pura, il ghi e il miele non mancano mai sulla tavola dell'Ayurveda.

Il cibo, l'acqua, l'aria: sono quegli elementi senza i quali non può esserci vita sana.

Ecco perché dovrebbero sempre essere mantenuti puri.

Purtroppo viviamo in un mondo corrotto, inquinato e disordinato, ma molto si può fare per concorrere a questa armonia che tutti riguarda.

Lavorare bene, curare il proprio habitat, sono regole nobili, anche per prevenire o sconfiggere l'insorgere di epidemie!

L'aria si può purificare ogni giorno, anche con dell'incenso, l'acqua deve essere pura, la casa fresca e pulita, la camera da letto accogliente ed in ordine, con le lenzuola sempre di fresco.

La cura della persona e del proprio ambiente

significano rispetto verso sé stessi e verso gli altri.

Il cibo deve essere pulito, mondato e cucinato con amore e cura.

Gli abiti che indossiamo accuratamente lavati e stirati.

Si deve augurare agli altri e a sé stessi lunga vita, gioia e felicità; emanare amore è importante, significa purificare l'energia intorno a noi e agli altri.

Mangiare bene, parlare bene, muoversi bene, dormire bene, vestirsi bene, donare, essere compassionevoli, generosi, aiuta la mente e lo spirito a vivere una vita in totale armonia con l'universo.

Colui che è libero nel corpo e nella mente, dalle passioni e dalla malattia, raggiunge l'equilibrio perfetto.

Mantenere, dunque, l'armonia dei tre doshas,

nella digestione, nel metabolismo, la purezza dei sensi e della mente, fa dell'uomo un vero Ayurveda.

LA CONDOTTA ETICA

La condotta etica dell'Ayurveda segue i precetti divini, che vorrebbero allontanare l'uomo da qualsiasi instabilità fisica ed energetica; vuole tenere la mente sgombra, il fisico forte e vigoroso, allontanare ogni squilibrio sociale e i veleni spirituali.

Troppa passione, rabbia, emotività, avidità, allontanano l'individuo dalla pace interna, portano alla sofferenza e al cedimento del sistema nervosa, con gravi ripercussioni sull'organismo.

Per purificare la mente, si deve avere fede e fiducia, si deve imparare ad essere devoto al cosmo e studiare i libri migliori, perché anche una buona cultura coltiva lo spirito e lo fa crescere secondo le regole dell'armonia universale.

Per coloro che non sono capaci di parlare, che mancano di esperienza, la vita diventa molto più difficile.

La salute, la serenità, la felicità semplice, sono i segreti della lunga vita.

Gli sforzi dovrebbero essere tutti concentrati con l'intento di costruire le interrelazioni sociali nel modo più sano possibile, poiché noi siamo gli altri e gli altri siamo noi, e tutto è interdipendente nell'universo.

CAPITOLO XII

LE TERAPIE SEGRETE

RASAYANA per il vigore.

Rasayana, come dice il nome, è la terapia rivolta a rinvigorire i rasa, e quindi i dathus.

Mantiene giovani e forti, dona longevità e promuove la forza fisica, così come l'abilità e l'acume mentale.

Ce ne sono di tre tipi: quella alimentare, dei desideri e delle condizioni.

Può essere praticata al chiuso o all'aperto.

Secondo l'antica tradizione viene utilizzata la salvia, sì proprio la salvia, poiché la leggenda dice che in quella pianta si sia trasformato un bellissimo giovine.

Molte alter piante e spezie sono indicate per

praticare rasayan, come il pepe o il frutto dell'amala, che però è possibile trovare soltanto in India. Trattasi di un frutto aspro, astringente, ricchissimo di Vitamina C, che viene utilizzato per moltissimi preparati, da quello per il raffreddore alla cura per I capelli.

Rasayana significa anche evacuare appropriatamente al mattino, mantenere dunque il corpo interno pulito, libero e puro.

Ci si deve anche astenere dalle forti emozioni, come la rabbia, la violenza, e praticare la pace mentale con la meditazione e il lavoro condotto in serenità.

VAJIKARANA la terapia afrodisiaca

Vajikarana, significa letteralmente, uomo che diventa forte come un cavallo.

Praticare questa terapia aiuta ad incrementare il seme e rinvigorisce molto l'uomo, mantenendolo forte e in salute.

Aiuta il piacere sessuale e promuove la virilità nell'uomo, che rende la coppia felice.

Stimolare la bellezza e l'orgasmo nella donna è un'arte, e l'Ayurveda utilizza piccolo accorgimenti speciali.

Ad esempio, il succo di fagiolini verdi è un toccasana. Viene aggiunto al succo un cucchiaio di ghi e del latte vaccino.

Berlo produce nel corpo una copiosissima quantità di sperma nell'uomo.

Esistono altre piante, come ad esempio le banana, che promuovono la fertilità che possono essere consumate prima dell'attività sessuale.

Durante i rituali religiosi nei templi e nella stagione che si celebra Shiva, viene distribuito agli astanti un bicchiere di bhang, ovvero una bevanda a base di latticello, anacardi, canapa, che se bevuta è un potentissimo afrodisiaco.

CAPITOLO XIII

NOZIONI DI DIAGNOSI E CONSIGLI

ROGAVIJNANA, come intercettare la malattia.

Rogavijnana riguarda tutti i segreti della diagnosi ayurvedica.

La mancanza di equilibrio tra i dathus causa stress nel corpo e l'insorgere della malattia.

Le cause della malattia sono due: nija, ovvero endogena, e agantu, ovvero esogena.

Il medico, o comunque il medico di sé stesso, dovrà procedure nella diagnosi della "malattia" con delle accurate osservazioni.

Prima di tutto accertarsi della natura e della provenienza del problema, quindi se la causa è interna (endogena) o esterna, (esogena).

È una pratica che si affina con il tempo, serve molta sensibilità, conoscenza, serve studiare i giusti libri, molta osservazione e tantissimo esercizio per raggiungere l'esperienza adatta a fare una buona diagnosi.

L'amore per la verità e per la conoscenza sono gli ingredienti principali che permettono di raggiungere tale saggezza, che non a tutti è dato di avere.

La fonte della conoscenza è l'universo, ma per discernere è necessario praticare la via della Scienza della vita, ovvero l'Ayus, e giorno dopo giorno, lungo il cammino , il bagaglio di nozioni accrescerà, e la capacità di intercettare i fenomeni si affinerà.

Sarà come leggere una calligrafia, ovvero imparare l'alfabeto e la grammatica dell'universo, per poter decifrare tutto ciò che accade intorno e dentro di noi con dovizia di particolari e comprendere i fenomeni più sottili.

Il paziente viene esaminato seguendo sei regole; innanzitutto l'interrogazione, si pongono delle domande, e poi ispezionando i cinque sensi degli organi.

Dosha, dushya, tempo, forza, fuoco digestivo, costituzione, età, stato mentale, adattabilità e habitat, storico familiare, e ogni malattia avuta in precedenza.

Si procederà poi con l'ispezionare il battito cardiaco e domandare informazioni sulla qualità delle urine e delle feci.

Esistono cause della malattia endogene ed esogene, come abbiamo detto, ma si possono classificare anche come "vicine" e "lontane".

Una causa endogena, perciò, può anche essere sia lontana sia vicina, stesso per la causa esogena.

Esiste un sintomo che si manifesta, e quel sintomo può essere generale o particolare.

Si deve poter intuire se il sintomo insiste da tempo, oppure è appena comparso. Dove è localizzato e quanto è forte oppure lieve.

Sei sono gli stadi della patologia:

1) accumulazione

2) aggravamento

3) estensione

4) localizzazione

5) manifestazione

6) esplosione

L'accumulazione avviene in un preciso punto, mentre l'aggravamento può trasgredire da quel punto. L'estensione significa che il disturbo comincia o si è già cominciato a diffondere nel resto del corpo. È localizzato quando compare soltanto in un punto.

Quando il sintomo è chiaro, siamo nella fase della manifestazione. L'ultimo stadio, come gli ascessi o la cronicità della malattia riguardano l'esplosione della stessa.

LA FEBBRE

Quando i doshas si aggravano, spesso può capitare che la temperature del corpo aumenti.

I sintomi premonitori della febbre sono la stanchezza, l'eccessiva luminosità del viso, lo sbadiglio molto frequente, dolori diffuse, anoressia, pesantezza e bruciore agli occhi.

Lo sbadiglio, l'anoressia e le sensazioni di bruciore, sono causate rispettivamente da vata, pitta e kapha.

Esistono, secondo la medicina ayurvedica, sette tipi di febbre differenti: tre che sono causate da vata e kapha in modo distinto, tre che sono causate dalla dualità di due doshas, ovvero vata-pitta, vata-kapha, kapha-pitta), e la settima che è la combinazione dei tre doshas insieme.

La febbre può anche essere causata da origini

endogene, come l'ingiuria, infezione, o dai vari diversi micro-organismi.

Tremori, battito irregolare, secchezza della bocca, mal di testa, dolori diffuse, assenza di percezione dei sapori e degli odori, flatulenza, costipazione, dolori addominali, sbadigli frequenti, sono tutti sintomi Vata.

L'alta temperature, la diarrea, il vomito, e quindi l'acidità di stomaco o la bocca acida, la sete, la sensazione di vampate di calore, la sudorazione eccessiva, lo svenimento, il sapore di piccante in bocca, infiammazione degli occhi e della bocca, la tendenza al colorito giallastro, anche delle urine o degli occhi, e l'eccessivo affaticamento: sono tutti sintomi Pitta.

La temperature presente, ma non troppo alta, la sensazione di freddo, l'apatia, la rigidità del corpo, le urine troppo chiare, la pesantezza e l'anoressia, il vomito, la sensazione di pienezza, dolori non forti ma diffuse, ostruzione dei canali e la stipsi, la salivazione, la tosse: sono tutti sintomi causati da Kapha.

La febbre può essere temporanea o irregolare, può comparire tutti i giorni in modo quasi cronico, può essere forte o lieve, reticente.

A volte compare con la sensazione di freddo, a volte con forti vampate di calore.

La febbre cronica è pressoché incurabile con queste terapie.

Esistono molti rimedi per la febbre e una vasta quantità di fitofarmaci che vengono impiegati, a seconda della tipologia di febbre per guarirla.

Certamente l'importante sarà dapprima individuare quale tipo di febbre si ha, quale dei doshas è in sofferenza o in eccesso. Di conseguenza, anche mantenere una dieta che sia leggera e che rispetti le regole dei doshas, secondo la tabella degli alimenti di cui siete stati forniti in questo libro.

LA DIARREA

La diarrea è un modo per il corpo di autopurgarsi dalle tossine, ma talvolta raggiunge l'eccesso, e quindi questo può essere sintomo dell'insorgere di un problema.

Può essere causata da eccessivo caldo o eccessivo freddo, dalla paura e dall'ansia, dall'intossicazione, come troppo alcol, da avvelenamento e da batteri intestinali, persino dai vermi.

L'aumento di questi fluidi raffredda il fuoco digestivo e, aggravato da Vata, l'intestino comincia ad espellere l'eccesso.

Dolori addominali, flatulenza, depressione generale, costipazione, ostruzione e vento negli intestini, indigestione: sono sintomi premonitori della diarrea.

Se più grave può causare svenimento,

prolasso del retto, volto emaciato e febbre.

L'aggravazione eccessiva di pitta provoca anche delle perdite di sangue all'evacuazione.

Sicuramente, se la diarrea è di tipi Vata, le feci appaiono vischiose, spumose, sono di modesta quantità ed è accompagnata da flatulenza e dolori.

Quando è pitta, il materiale, che fuoriesce dal corpo, è giallastro, oppure anche molto scuro, tendente al blu, a causa della presenza di bile nelle feci. Si sente la sete, si può svenire ed è spesso accompagnata da bruciori che potrebbero trasformarsi in ulcere e, come detto sopra, sanguinare.

La diarrea di tipi kapha presenta feci bianche, piene di muco, sono di quantità abbondante, e potrebbero insorgere brividi e pelle d'oca.

Anche la paura determina la diarrea, così come l'ansia, abbiamo detto.

Questo perché quando insorge la paura, Vata comincia ad eliminare i liquidi dal corpo, e questo può portare la diarrea.

Per curarla, è importante calmare i muscoli e che l'organismo si riappacifichi. Per questo sono indicati cibi calmanti e sedativi.

Lo yogurt è indicato ma quando è diluito, altrimenti è preferibile il latticello, un vero toccasana in questi casi.

IL FUOCO DIGESTIVO

Quando, a causa di un fuoco digestivo debole, il cibo non viene digerito, insorgono vari sintomi che andremo ad elencare qui di seguito.

Agni, ovvero il fuoco digestivo, è innanzitutto di quattro tipi: sama, normale, manda, lento, tikshna, intenso, vishama, irregolare.

Il primo, ovvero "sama", significa che i tre doshas sono in equilibrio, e il fuoco non eccessivo e non debole.

Gli altri tre sono rispettivamente causati da kapha, pitta e vata.

La digestione lenta, quando eccessiva, non riesce nemmeno a sopportare piccolo quantità di cibo, mentre la digestione eccessiva, quindi di fuoco eccessivo, brucia totalmente tutto.

L'irregolare è incostante, a volte digerisce, a volte non digerisce.

Un fuoco digestivo regolare digerisce tutto, senza alcuna conseguenza.

L'indigestione può essere causata dall'ingerimento di troppa acqua, una dieta irregolare, la soppressione dei bisogni, ovvero quando non si fa la cacca, ansia, l'assenza o l'irregolarità del sonno.

Esistono vari tipi di indigestione:

1) i sintomi sono la pesantezza, la salivazione

eccessiva, l'edema, la nausea, le eruttazioni al sapore di cibo;

2) vertigini, sete, svenimento, sudorazione, sensazione di bruciori, altri sintomi pitta e eruttazione acida;

3) dolori addominali, flatulenza, vento negli intestine, ostruzione delle feci, dolore, rigidità, confusione mentale, tutti sintomi vata;

4) forti dolori addominali, sete, vomito, diarrea e crampi;

5) blocco della digestione, quando il cibo non riesce a scendere e "rimane sullo stomaco".

Per digerire bene, è consigliato mangiare leggero, se si digerisce bene, le eruttazioni sono neutre, l'eliminazione degli escrementi è buona e regolare, così come la sete e l'appetito.

LA GASTRITE- amlapitta

Quando Pitta va in estremo eccesso, magari a causa del cibo sbagliato o per la presenza di troppa acidità nel tratto gastro-intestinale, si parla di amla-pitta. Ovvero ciò che noi comunemente conosciamo con il nome di gastrite e, più grave, di ulcera.

L'indigestione con sensazione di stanchezza, le eruttazioni molto acide e frequenti, la sensazione di bruciore al tratto gastrointestinale con dolori e il bruciore in gola, sono i classici sintomi di questo disturbo, che si può risolvere assumendo cibi neutri, evitando di aggravare il fuoco, bevendo acqua e stando lontano dallo stress. Fare riferimento alla tabella degli alimenti e considerare i cibi che placano pitta e tonificano kapha.

IL DIABETE

Anche il diabete può essere di tipo vata, pitta o kapha.

Certamente il diabete mellito è quello più

difficile da curare, ma gli altri tipi possono essere mitigati attraverso una sana alimentazione.

Generalmente, chi è portatore di diabete genetico appare magro, inappetente, irrequieto, altrimenti chi è colpito dal diabete di secondo tipo, spesso, è obeso e indolente.

Se comunque è kapha, il diabete può essere tenuto sotto controllo con una buona attività fisica e il consumo di orzo anche può aiutare, nel quadro di una dieta bilanciata. Anche il miglio e il sorgo sono indicati.

La zucca, il fieno greco, la cipolla sono ottimi rimedi.

L'attività fisica è sempre indicata, ma con moderazione nei soggetti molto magri, mentre un po' più intensa se si è sovrappeso.

LA TOSSE

La causa della tosse, spesso, risiede in una cattiva condotta alimentare e una mancata evacuazione corretta. Ma anche il fumo e una dieta irregolare possono facilmente concorrere a l'insorgere della tosse. La tosse secca è vata, quella grassa spesso kapha, e se il muco è giallo e scuro anche pitta sarà coinvolta.

CAPITOLO XIV

PICCOLO GLOSSARIO PER L'AYURVEDA

AGNI

Significa fuoco in sanscrito e rappresenta il fuoco digestivo, quello che per la medicina occidentale viene indicato come enzimi.

AMA

Quando il fuoco digestivo è debole e gli alimenti non arrivano a piena "cottura" non vengono ben assimilate e si producono delle tossine. Queste tossine sono dette ama.

AYU

Significa "vita" in sanscrito.

AYURVEDA

La scienza della vita. È la più antica scienza al

mondo ed è nata in India nella notte dei tempi.

BASTI

È uno dei cinque rimedi del panchakarma, ovvero i cinque grandi rimedi. Si tratta di un clistere che aiuta il corpo e l'organismo a purgarsi delle tossine. Può contenere erbe particolari, diverse a seconda del caso da trattare.

DHATU

I Dhatu sono i sette tessuti di cui il corpo umano è composto. Linfa, sangue, muscoli, grasso, ossa, midolli e seme.

DOSHA

Detti anche umori biologici, questi sono tre: Vata, Pitta e Kapha, e concorrono alla costituzione della persona uomo.

GHI

Tipico burro indiano che subisce un processo

di chiarificazione, dall'aspetto giallastro ed e più dolce rispetto al normale burro bianco che utilizziamo nella nostra tradizione. L'ayurveda lo utilizza per molti preparati medicamentosi.

GUNA

I tre gunas sono sattva, rajas e tamas, ovvero l'altissimo, il terreno e l'impuro. Si riferiscono ai tre livelli di coscienza dell'uomo o comunque alle qualità che sono in ognuno di noi, presenti al momento che si viene creati.

KAPHA

È uno dei dosha e rappresenta la stabilità, a differenza ad esempio di Vata che in questo è il suo contrario. Comprende gli umori, la parte liquida del corpo, kapha è simbolicamente terra e acqua insieme, sono la massa dei tessuti, gli organi. Controlla la crescita e l'aspetto immunitario dell'organismo.

KARMA

Il karma è la legge che tutto governa e a cui tutto risponde, il materiale e l'immateriale, il visibile e l'invisibile. Rappresenta ogni fenomeno di causa ed effetto presente nell'universo.

NADI VIGYAN

Il medico Ayurveda, ai fini diagnostici, pratica l'ascolto del polso. Questo si chiama Nadi Vigyan.

OJAS

Risiede in ogni dhatu, ovvero in tutte le componenti corporee, esso è la vitalità, il vigore, la brillantezza e la forza dell'organismo, e tutto lo pervade.

PANCHAKARMA

Il panchakarma è una terapia purificatoria che contempla cinque rimedi, da panch che significa cinque.

PITTA

È uno dei tre doshas e produce calore. Governa la digestione, il metabolismo, ed è responsabile della produzione dei tessuti.

PRAKRITI

Sattva, Rajas e Tamas: insieme caratterizzano la Prakriti, ovvero la forza immanente che tutto pervade.

RASA

Ciò che noi chiamiamo sapore e gusto di un cibo.

RASAYANA

È la terapia dell'eterna giovinezza e di tutti i rimedi per mantenere corpo e mente in forze, vigorosi, splendidi.

RISHI

Il rishi in India è il saggio, il guru. Grazie a loro, ci è stata tramandata la tradizione ayurvedica fino ad oggi, con le sue qualità e le straordinarie capacità.

SOMA

La forza della mente e l'energia che risiede nel nostro cervello e in tutto il sistema nervoso è detta soma.

SROTA

Gli srota sono tutti quei canali che corrono lungo il nostro corpo, e attraverso i quali scorre il nutrimento che giunge ad ogni periferia e centro dell'organismo, mettendolo in comunicazione.

TAMAS

L'oscurità, l'ignoranza, la sporcizia, la stupidità, l'energia che non circola, il ristagno è il tamas.

VATA

È uno dei tre doshas, il più instabile. È aereo, a differenza di pitta che è fuoco e kapha che è acqua e terra. Controlla il movimento, ed è quindi responsabile di tutto ciò che si muove nell'organismo e delle sue funzioni fisiologiche.

VEDA

I Veda sono le antichissime conoscenze riportate nei libri più antichi della tradizione Indiana.

VIPAKA

Quello che noi definiremmo retrogusto. È quel sapore che emerge dopo aver appena digerito un cibo, quindi la sua energia dopo che ha subito la "cottura" della bocca e dello stomaco.

VIRYA

Una sostanza può raffreddare o riscaldare, questa potenzialità è detta Virya.

YOGA

La più nobile delle ginnastiche, etimologicamente significa "unione". Sono tecniche motorie e respiratorie che aiutano il raggiungimento di una piena realizzazione fisica e spirituale.

CAPITOLO XV

TABELLA DEI DOSHAS

caratteristica	Vata	Pitta	Kapha
corporatura	Minuta, non regolare	Media proporzionata	Robusta, proporzionata
peso	Perde peso facilmente, lo acquista con difficoltà	Perde peso facilmente, lo acquista con difficoltà	Con difficoltà lo perde, con facilità lo acquista
pelle	Scura, fredda, si	Chiara, calda, si scotta al	Colore normale, fresca, si

	abbronza molto	sole	abbronza con facilità
sudorazione	Scarsa anche se fa caldo	Abbondante se fa caldo	Moderata, normale, costante
capelli	Secchi, ricci, scuri	Sottili, dritti, chiari, grassi, invecchiano e imbiancano precocemente	Grassi, lucidi, grossi, castani
colore degli occhi	Grigio, viola, azzurri	Nocciola, verde, blu	Castani, scuri, raramente azzurri
appetito	variabile	robusto	normale

evacuazione	Irregolare, stipsi	Regolare, a volte diarrea	Regolare, lenta
clima	Ama il caldo	Ama il freddo	Ama il cambio di stagione
energia	Scarsa e ne consuma troppa	Media e ne consuma molta e tende allo spreco	Buona e tende a conservarla
Impulso sessuale	variabile	Spesso intenso	costante
fertilità	scarsa	media	buona
sonno	Variabile, leggero, profond	si addormenta e si sveglia con	Si addormenta e si sveglia con

	o	facilità	difficoltà
loquela	Parla molto a vanvera	Parla con cognizione di causa	Parla poco e lentamente
emozione	paura	ira	Evita il confronto
pensiero	verbale	Immaginazione visiva	Emotive, sensazioni, tatto
memoria	Apprende facilmente ma dimentica	Apprende rapidamente non dimentica	Apprende lentamente, ma non dimentica

RICETTE NELLA CUCINA AYURVEDICA

INTRODUZIONE

Diceva Charaka che la vita di tutti gli esseri viventi è il cibo, tutti hanno bisogno di cibo e tutti lo cercano. La carnagione, la lucidità, la bella voce, la longevità, la capacità di comprendere, la felicità, la soddisfazione, la crescita, la forza e l'intelligenza, si fondano tutte sul cibo. Di tutto ciò che promuove la felicità terrena, di tutto ciò che riguarda i sacrifici vedici e di ogni azione che conduce alla salvezza spirituale, si dice che sia basato sul cibo.

L'alimentazione corretta è essenziale, e non vi è nulla di più importante poiché, secondo l'Ayurveda, si è ciò che si mangia.

È grazie al cibo che assimiliamo le sostanze nutritive vitali, ed è grazie a queste sostanze che vengono prodotti i tessuti, le ossa e il sangue, che si manifestano nella loro qualità.

Un cibo di cattiva qualità induce a produrre sangue e tessuti e ossa di cattiva qualità, un cibo sano, invece, concorre alla produzione di tessuti, organi, sangue, ossa di migliore qualità.

Secondo l'Ayurveda poi, il cibo che assumiamo andrebbe prodotto con le nostre stesse mani; non un caso che molti cuochi in India siano anche brahmini, ovvero sacerdoti.

Assumere cibo e digerirlo significa offrire al fuoco sacro un sacrificio. Quel fuoco sacro dell'organismo è il nostro potere digestivo che viene assunto dallo stomaco.

Come un alchimista, noi siamo i sacerdoti del nostro fuoco interiore e siamo in grado di trasformare le materie prime, grazie alle funzioni del corpo, in rasa e ojas.

Ogni pensiero, ogni nostra azione, è responsabile di questa trasformazione che avviene dentro di noi e, come bravi cuochi in cucina, assimiliamo cibi abbinandoli con altri, assumendoli in alcune ore particolari della giornata, e così via, in modo da creare "ricette interiori" che ci permettano di produrre quelle sostanze essenziali e più pure che nutrono il nostro corpo e la nostra mente.

Non tutti i cibi sono indicati per ognuno di noi, perciò le ricette variano.

A seconda della costituzione, della stagione, dello stato emotivo, delle circostanze, verranno assunti per una corretta alimentazione di spirito e corpo alimenti differenti, cotti in modo differente.

La digestione si divide in tre fasi: quella a "crudo", in cui agisce kapha, e in cui il gusto predominante sarà quello dolce. La seconda fase è quella di "cottura", in cui il gusto predominante è quello acido, coinvolge l'intestino tenue ed è un'azione dominate da pitta. Infine, la fase che avviene nel colon, governata da vata, in cui il cibo ha raggiunto la cottura completa e dove prevale il gusto piccante.

Il cibo crudo è impuro, perciò necessita della purificazione messa in atto dal fuoco digestivo pitta, in modo che possa infine essere assimilato bene dall'organismo.

Sostanzialmente i cibi si dividono tra cibi "freddi" e cibi "caldi", suddivisi a loro volta nei cinque sapori: "piccante", "acido-aspro", "amaro", "dolce", "salato".

Il sapore è ciò che produce il cibo una volta che questo viene assimilato dall'organismo.

Viene chiamata Virya la Potenza, e quindi quell'effetto che viene prodotto durante la digestione, mentre viene chiamato Vipaka, l'effetto della postdigestione.

I cibi caldi sono generalmente acidi, salati, piccanti, mentre quelli freddi sono amari e dolci, talvolta astringenti.

Gli effetti postdigestivi possono essere di effetto dolce, in cui si genera kapha, si rafforza l'organismo e si accrescono I tessuti; un effetto acido, che genera pitta e scalda fino a bruciare i tessuti; un effetto piccante, che accresce vata e asciuga i tessuti.

Vipaka è, dunque, il sapore del cibo digerito e indica la Potenza energetica di quel cibo.

Importante sarà assimilare il cibo a noi adatto perché siano rispettati i doshas, ovvero Vata Pitta e Kapha, che riguardano anche la nostra costituzione, la stagione, il momento della giornata, in accordo con i doshas del cibo, che può essere a sua volta più tendente a vata, a pitta o a kapha.

Ogni materia prima commestibile che troviamo in natura presenta dunque le sue caratteristiche che rispettano la logica dei tre doshas e della natura calda-fredda, che può essere indicata anche come pesante-leggera.

Ogni pasto, deve essere equilibrato, ciò significa che deve comprendere alimenti sia freddi che caldi, pesanti e leggeri, in quantità tali da comporre la pietanza nel piatto in modo che gli ingredienti tra loro siano in armonia.

Generalmente prodotti come il latte o la carne di manzo sono pesanti rispetto al riso o la cacciagione, considerati più leggeri.

Gli alimenti cotti sono preferiti a quelli crudi, perché più leggeri, mentre i prodotti conservati sono più pesanti rispetto ai cibi freschi, che sono considerati leggeri.

Il vino d'annata o i cibi stagionati in generale sono considerati più leggeri rispetto a cibi più pesanti come quelli giovani.

Anche il sesso degli animali incide in questa distinzione: la parte della carne animale superiore sarà più leggera se di animale femmina, mentre per l'animale maschio è considerata la parte inferiore quella più digeribile, e quindi leggera.

Tutti gli animali che vivono in habitat pesanti e si nutrono di cibo pesante, come il pesce di lago, le anguille, sono considerati pesanti, proprio come il cibo che essi stessi mangiano.

Leggeri saranno, perciò, rispetto a quelli di lago, i pesci di mare.

Certamente la massa grassa della carne è considerata più pesante rispetto alla parte più acquosa e carnosa, mentre il midollo si presenta più pesante dello stesso grasso.

Il pesce è caldo e dolce, quindi molto indicato per i soggetti kapha; i frutti acidi aiutano pitta, senza aumentare il fuoco e, quindi, senza che questo vada in eccesso.

Tutto il cibo puro è sempre preferibile a quello

impuro, quindi le coltivazioni che insistono con i pesticidi sono da evitare, l'acqua pura sarà migliore di quella in bottiglia, e così via.

Anche il cibo autoctono è preferibile a quello da importo: il caffè, le ananas, il cocco, che non fanno parte della nostra flora, andrebbero consumati soltanto dove vengono prodotti, ovvero all'origine.

I CIBI SECONDO L'AYURVEDA

I CEREALI

IL GRANO:

Il grano è dolce, pesante e oleoso. È responsabile della consistenza di tutti i tessuti e degli organi, è energizzante e riequilibrante. Aiuta Vata e Pitta.

IL GRANOTURCO

È asciutto e caldo. Quando assunto senza condimento, senza olio ad esempio, aumenta Vata.

L'ORZO:

È asciutto, fresco, dolce, leggero, aumenta Vata, aiuta l'intestino, riequilibra, può essere astringente, rivitalizza, cura Kapha e Pitta. Ottimo come ricostituente.

IL RISO:

Il riso, come abbiamo detto, è sempre presente nell'alimentazione, specialmente quella Indiana.

È dolce, freddo, leggero. Compatta le feci, cura pitta, favorisce Vata. È ricostituente, ma si dà anche al malato. Cura le infiammazioni intestinali, può essere più nutriente e stimolante con aggiunta di olio.

I LEGUMI

I CECI I PISELLI LE LENTICCHIE:

Sono tutti e tre freschi, leggeri e dolci. Aiutano Pitta e Kapha, e aiutano ad asciugare l'organismo. Se si è in eccesso di Vata sono invece controindicati.

LE LENTICCHIE GIALLE

Molto comuni in India, spesso spezzate, aumenta Pitta. In India si usa per aumentare la lattazione.

IL SESAMO

Anche se non esattamente un legume, è così che però viene classificato secondo la tradizione ayurvedica. È dolce, amaro e astringente, caldo e aiuta la digestione.

Ottimo per la pelle e i capelli, ringiovanisce, favorisce la robustezza delle ossa. Cura l'ulcera.

Il suo olio in India è sempre presente nei preparati medicamentosi.

LA CARNE

La carne certamente ha proprietà rinvigorenti, ma non è un alimento che l'Ayurveda sempre consiglia. La cacciagione è sempre preferita alla carne di allevamento e alcune carni sono predilette rispetto ad altre, come ad esempio la capra e il pollo rispetto al manzo, che per gli induisti è persino proibita.

CAPRA:

È molto consigliata, non è grassa, non è pesante, ed ha forti poteri riequilibranti ed armonizzanti per tutti e tre i doshas.

MAIALE:

È pesante, aumenta la massa grassa, cura vata.

MANZO:

Cura Vata e aiuta a diminuire il fuoco digestivo.

PESCE:

Dolce, pesante, unto, caldo, cura Vata. Come abbiamo visto prima, il pesce di mare è preferibile a quello di lago o di stagno o di fiume che certamente risultano più pesanti a causa della loro stessa alimentazione; ma mentre il pesce di lago aiuta pitta, nel caso del pesce di fiume pitta si aggrava.

LA VERDURA

L'AGLIO:

L'aglio ha proprietà davvero potenti, e secondo molte leggende e tradizioni guarisce da moltissime malattie. Con forti proprietà antibiotiche, considerate una panacea, ma può aumentare le tossine nel corpo, altrimenti dette tamas. L'aglio aiuta vata e kapha, aumenta pitta, è pesante, aiuta la vista, e si dice faccia concepire figli intelligenti. Rafforza le ossa, aiuta a curare la tosse, e le patologie vata, come la secchezza della pelle; previene le malattie cardiache e quelle croniche, come l'asma.

È infatti noto, che in caso di assenza di medicinali, come in guerra, l'aglio sia stato sempre molto usato come potente antibiotico, per curare malattie da freddo, la febbre, la polmonite, a bronchite, e altri tipi di influenza.

È facilmente assimilabile dall'organismo, e uno spicchio è sufficiente per curare il raffreddore.

Lo stesso aglio ha proprietà antisettiche e viene usato per "disinfettare" il cibo. Può essere assunto fresco, in polvere, sott'olio, e in India è utilizzato per molti preparati medicamentosi.

LA CIPOLLA

Aumenta Kapha e cura Vata. La cipolla, aggrava Pitta. È pesante, piccante se cruda, dolce quando cotta. Stimola il cuore, aiuta la secrezione della bile, quindi stimola la cistifellea, reduce gli zuccheri nel sangue, e anche i gas intestinali. È battericida e cardiotonica.

Per gli indiani è considerato fortemente afrodisiaca ed è in grado di aumentare lo sperma. Cura l'alopecia, l'asma, la dissenteria, I calcoli renali, le emorroidi, l'infarto e soprattutto i reumatismi.

LO ZENZERO

Come l'aglio, anche lo zenzero è considerato una panacea, altrimenti conosciuto come "il rimedio universale", infatti è molto presente nella cucina Indiana, quasi non c'è piatto che non venga preparato con l'aggiunta di zenzero.

È piccante, dolce, caldo, vipaka dolce. Può aumentare Pitta, specialmente quando crudo e fresco. D'estate, in caso di febbre o malattie della pelle, è meglio non utilizzarlo, a causa del potere stimolante su Pitta.

Favorisce la circolazione, aiuta la digestione e si consiglia di mangiarne sempre un pezzettino dopo i pasti, con un po' di salgemma.

Ha varie proprietà curative e, se applicato in polvere sulla testa e la fronte, cura le cefalee.

Se bevuto in acqua o latte caldi, aiuta a guarire dalle malattie da freddo. Ottimo per la tosse, la bronchite, la nausea ed il vomito.

LA FRUTTA

L'ARANCIA:

L'arancia: dolce, acida, pesante, stimolante. Cura Vata.

LA BANANA:

È il frutto della fecondità, combatte diarrea e stitichezza, quindi resta un toccasana per le funzioni intestinali.

IL DATTERO:

È dolce, pesante e fresco, tonificante. Cura vata e pitta.

IL FICO:

Dolce, nutriente, pesante, fresco, è lassativo e riequilibra vata e pitta.

IL LIME:

Acido, amaro, astringente, raffreddante, vipaka dolce. Può aggravare pitta se consumato eccessivamente. È antisettico, battericida, tratta le eruzioni cutanee e la forfora. Cura la digestione, la stitichezza, aiuta in caso di diabete, cura fegato e milza, I reumatismi.

IL MANGO:

Il mango in India è il Re della frutta. Calma Vata, tonifica il corpo, rinvigorisce. È lassativo e diuretico.

LA MELA:

Cura la stipsi e la diarrea, quindi ha forte potere riequilibrante per l'intestino. È dolce, fresco, vipaka piccante e aumenta vata.

LA MELAGRANA

La melagrana è considerato un frutto magico. È amara, astringente, dolce, freddo. È untuoso, aiuta la digestione, riequilibrante per tutti e tre i doshas. Cura vata e pitta. Ringiovanisce, previene i radicali liberi, specialmente il suo succo. Cura la diarrea e il mal di stomaco.

NOCE DI COCCO:

Dolce, unto, freddo, rinvigorisce l'organismo.

Il latte favorisce I reni, se consumato secco, diventa più caldo. L'olio è usato per trattare i capelli.

LA PERA:

Calda, ma non troppo, aumenta Vata, ma è un frutto molto equilibrato per i tre doshas, vata, pitta e kapha.

LA PESCA:

Non molto calda, pesante e dolce. Rinvigorisce, molto consigliata.

LA FRUTTA SECCA

La frutta secca, come le mandorle, le noci, le nocciole, i pistacchi, le arachidi, è pesante, unta, calda. Nutre, tonifica, cura vata, aumenta pitta e kapha. La mandorla, di tutta la frutta secca, è considerata la migliore e con forti proprietà ringiovanenti.

FORMAGGIO E DERIVATI

Non esiste presso la cultura Indiana, una grande tradizione di produzione di formaggi; a parte il burro, lo yogurt, il latte, ovviamente, e qualche formaggio naturalmente cagliato (essendo poi il caglio di per sé di origine animale e vaccino), essendo gli indiani di origine nomade, ciò che più utilizzavano e maggiormente producevano erano proprio il latte e il burro.

IL BURRO:

Il burro indiano non è come il nostro burro bianco, ma subisce un processo detto di chiarificazione, viene cioè fatto cuocere, in modo da potersi conservare anche fuori dal frigo e a temperature ambientali maggiori di quelle a cui noi siamo abituati e soliti mantenere questo cibo.

La chiarificazione aiuta ad eliminare ogni residuo acquoso ed eventuali batteri, di modo che il burro non vada mai a male.

Appare infatti più giallo del nostro e molto più dolce al sapore, e viene chiamato ghee o ghi.

È un cibo unto, dolce, fresco, cura vata e pitta. Disintossica e cura la febbre, rinvigorisce.

IL LATTE:

Il latte è considerato presso gli indiani, quasi un'essenza di lunga vita.

Essendo, infatti, l'essenza nutritiva che viene secreta dal corpo animale per nutrire il piccolo, è considerato un alimento divino. Fa bene ai bambini, aiuta l'attività sessuale, rafforza i tessuti, rinvigorisce. È dolce, fresco, unto, lucido, mantengono giovane l'organismo.

Cura l'insonnia, placa il fuoco digestivo.

LO YOGURT:

Stimola l'appetito e la digestione. Nutre, è acido, dolce, caldo. Cura vata, aumenta pitta e kapha. Cura la diarrea, la febbre, l'inappetenza. Non indicato durante l'estate, è invece buono per la primavera.

OLIO

Il ghi resta molto più importante e in cima alle classifiche secondo l'ayurveda. Forse anche per tradizione. Ma certamente l'olio e tutti gli oli di semi in generale, vengono oggi largamente consumati.

L'olio di sesamo è certamente considerato il migliore anche da consumare internamente, dal momento che molti oli si utilizzano per uso esterno. Questo rafforza I capelli, aiuta il fuoco digestive, rinvigorisce. Cura vata. È dolce, caldo, aumenta anche kapha.

Gli altri oli sono considerati, in generale, come gli stessi prodotti da cui derivano.

LO ZUCCHERO

La canna da zucchero, molto diffusa in India, viene consumata anche come bibita dissetante, quanto la spremuta fresca.

Ha proprietà dunque rinfrescanti e anche lassative.

Il miele, invece, è sempre meglio consumarlo crudo, ma scaldato.

LE SPEZIE

L'ALLORO:

Piccante, dolce, caldo, vipaka piccante. Diminuisce vata e kapha, aumenta pitta. Ottima per i problemi respiratori.

L'ANETO:

Vengono utilizzati soprattutto i semi, ma anche le foglie. Ha molte proprietà, tra le quali cura il gas intestinale, favorisce la digestione.

IL CARDAMOMO:

Dolce, piccante, caldo, ma non influisce su pitta.

Aiuta la digestione, rinvigorisce, ringiovanisce, purifica il calore impuro dell'organismo, cura i gonfiori addominali, la debolezza del cuore, la tosse.

Riduce l'acidità e infatti in Oriente si usa anche nel caffè.

LA CANNELLA:

Piccante, dolce, amaro, vipaka dolce. Riequilibra kapha e vata, senza provocare eccesso di pitta. Ha molte proprietà simili allo zenzero. Cura il mal di denti.

IL CORIANDOLO:

Piccante, rinfrescante, stimola l'appetito, cura vata e kapha. Elimina il calore impuro in eccesso dall'organismo.

LA CURCUMA:

Si può mangiare fresca o si può utilizzare essiccata. È un toccasana per il fegato e per tutte le malattie della pelle. Amara, astringente, piccante, riequilibra tutti e tre i doshas,ma può causare un aumento di vata e kapha. È battericida e viene utilizzata moltissimo in cucina. Ha forti proprietà antisettiche ed elimina i veleni dal corpo. Spesso utilizzata anche per curare le ferite.

IL CUMINO:

Piccante, acido, caldo, vipaka piccante. Aiuta la digestione, riequilibra vata e kapha, aumenta pitta. Regola l'intestino.

IL FIENO GRECO:

Il fieno Greco ricorda molto nelle sue proprietà quelle dell'aglio. È piccante, amaro dolce, caldo, vipaka piccante. Fa decrescere vata e kapha. Se consumato in eccesso, può aumentare pitta. Ottimo per le malattie polmonari, per placare il sistema nervoso, regolarizza soprattutto il ciclo mestruale.

Si utilizza per purificare l'organismo, quindi cura le impurità della pelle e rinvigorisce l'organismo.

Cura l'influenza, le malattie da freddo, cura l'insonnia se bevuto in tisane, ma anche la depressione e le nevrosi. Rafforza il fegato, se se ne consumano i germogli, aumenta lo sperma.

IL FINOCCHIO:

I semi di finocchio si trovano sempre a fine pasto nei ristoranti, serviti in un piccolo vassoio con dello zucchero. Favoriscono infatti la digestione. Ma si possono utilizzare anche in bevande come tisane e decotti: riduce i gas intestinali e i gonfiori addominali, previene I dolori mestruali e regola il ciclo. Stimola la lattazione.

LA NOCE MOSCATA:

È piccante, calda , astringente, vipaka piccante, stimola la digestione, fa decrescere vata e kapha, aumenta pitta. La sua polvere è un ottimo rimedio per la diarrea, e tutte le patologie intestinali. Favorisce il sonno, cura l'impotenza e l'eiaculazione precoce.

IL PEPE NERO:

Piccante, caldo, vipaka piccante. Diminuisce vata e kapha, aumenta pitta, ma non in modo eccessivo, quindi è considerato un ottimo riequilibrante per i tre doshas.

Viene molto utilizzato per condire verdure, ma anche frutta, in modo da "riscaldare" quelli che sono considerati cibi molto freddi, come anche quelli crudi. Elimina le tossine, cura dalle malattie da freddo, può irritare se consumato in eccesso.

IL PEPERONCINO:

Caldo, piccante, vipaka piccante. Abbassa kapha, aumenta pitta. Controlla vata. Aiuta la sudorazione del corpo e, quindi, l'eliminazione delle tossine, ma se consumato in eccesso aumenta pitta con incremento di vata.

LA SENAPE:

Ne esistono sette tipi; in India si utilizza quella

rossa, quella Bianca e quella nera . Calda, pungente, ottima come rimedio per patologie da freddo.

LO ZAFFERANO:

Lo zafferano è certamente la più preziosa delle spezie. Vengono collezionati gli stigmi, colti solitamente a mano ad uno ad uno dalle donne. Tipico degli altipiani, come quello del Kashmir, ha antichissime tradizioni. I crochi, cosiddetti, hanno un colore violaceo e vengono colti al mattino presto. Essendo così piccolo, per avere mezzo chilo di zafferano, è necessario raccogliere almeno 100.000 fiori. È piccante, amaro, dolce, caldo, vipaka dolce.

Cura le patologie che affliggono l'apparato riproduttivo, ma è anche considerato davvero la panacea più nobile che la natura abbia mai prodotto. Regolarizza il ciclo, cura i dolori mestruali, promuove la fecondità.

Spesso aggiunto a latte caldo, è usanza

servirlo anche per strada durante l'inverno in India ed ha un sapore davvero piacevole e profumato. Libera la testa dall'affaticamento e previene dal freddo.

È calmante, anche per la tosse, oltre che per lo spirito.

Migliora la qualità della pelle, rinvigorisce, ed è considerata spezia divina.

NAAN

INGREDIENTI:

farina di frumento tipo 0 500gr

acqua q.b (almeno 1lt)

sale 1 cucchiaino

Per coloro che non hanno mai mangiato un naan, ovvero un pane speciale indiano cotto in forno, piatto e rotondo, offriamo qui una breve descrizione, essendo un elemento essenziale della cucina indiana, sempre presente a tavola e comune a tutta l'India. Il naan è preparato con farina bianca, lo si può trovare di farina integrale nelle alte montagne himalayane, dove ancora i villaggi ricorrono agli antichi mulini sul fiume per macinare la farina. Ad ogni modo, il naan è un pane soffice e molto gustoso.

Questo tipo di impasto e di cottura aiuta a ridurre il contenuto di glutine presente nella farina di grano.

Se non avete il tandoori a disposizione, forno verticale tipico dell'India, potrete utilizzare una padella appena imburrata oppure la classica padella per fare le crêpes.

In India si mangia con le mani, il naan dunque viene utilizzato principalmente per afferrare il cibo dai piatti. Se ne stacca un pezzetto che viene preso tra le tre dita della mano destra, pollice indice e medio, per pizzicare il cibo e portarlo alla bocca, evitando di sporcarsi.

Ecco perché a tavola non manca mai.

L'abitudine di mangiare con le mani il cibo è un'antica tradizione, e mangiare con la destra significa concedere a questo gesto la purezza che la mano destra esprime, mentre con la sinistra, considerata per la tradizione indiana, impura, si compiono solitamente gesti considerati altrettanto impuri, come, ad esempio, farsi il bidet!

Il naan deve essere soffice per poter assorbire bene le pietanze che solitamente sono brodose o ben sugose. È perfetto per tutti i piatti con il curry e le spezie, poiché smorza il sapore e mitiga il piccante.

Esistono molti altri tipi di pane, alcuni dei quali descriveremo e vi insegneremo a preparare nelle ricette subito successive, come ad esempio la paratha, che è un pane che si prepara con impasto di patate; esiste anche i roti, un impasto di pane con aggiunta abbondante di ghi, il puri, un pane fritto che si mangia anche per colazione.

Certamente, essendo il naan fatto di grano, è un cibo dolce, fresco e pesante. Cotto nel forno aumenta la sua qualità vata, poiché si asciuga. Ha proprietà vitalizzanti e anche afrodisiache.

Ci sono tre ingredienti che potrebbero essere

aggiunti alla comune farina e all'acqua, e che servono per preparare il semplice naan; questi ingredienti sono: farina di mandorle, la tapioca, e il latte di cocco. Se si aggiungono questi ingredienti, certamente, il naan assumerà un sapore più dolce e sarà più adatto per accompagnare il dessert.

Volendo si può aggiungere del ghee all'impasto, per renderli ancora più soffici e farli diventare tipo roti. Comunque largo alla fantasia! Potrete anche usare delle spezie per colorarli, come il giallo della curcuma o il rosso del garam masala.

Con aggiunta di ghi aiutate il fuoco digestivo a lavorare meglio, con l'aggiunta di curcuma prenderete cura del vostro fegato, con l'aggiunta di garam masala farete contento il vostro palato, a chi ama il molto speziato, ben inteso.

PREPARAZIONE:

Preparare il naan è molto semplice. Prendete la farina e cominciate ad aggiungere a questa l'acqua, non troppo fredda, maglio se tiepida. Lavorate l'impasto che dovrà risultare elastico ed asciutto. Aggiungete acqua finché necessario. La quantità d'acqua per ½ kg di farina a volte può variare dalla stagione e dalla temperatura dell'ambiente in cui si lavora, proprio come quando si fa il pane.

Indicativamente, servirà 1lt di acqua ogni ½ kg di farina per il tempo della lavorazione. Una volta che l'impasto ha raggiunto l'elasticità giusta, lasciate riposare per un'ora vicino ad una fonte di calore, non eccessiva.

Riprendete l'impasto e lavoratelo di nuovo come prima, e aggiungete acqua se necessario. Lasciate riposare per un'altra mezz'ora.

Prendete di nuovo l'impasto e fate tante

piccole palline della grandezza di un pugno. Schiacciate le palline ad una ad una aiutandovi con un mattarello.

Cuocete in padella, appena imburrata, oppure in un forno preriscaldato a 180-190C per 10'-15'.

Il naan deve risultare soffice e profumato

PARATHA

INGREDIENTI

farina bianca 150 gr

farina integrale 00 150 gr

patate 3

rametti di prezzemolo 6

acqua q.b.

olio extravergine di oliva q.b.

sale q.b.

La paratha è una altro tipo di pane indiano. Prepararlo è facile. È un piatto più nutriente del solito pane, grazie al fatto che contiene patate nell'impasto. È un modo per rendere più ricco l'apporto nutritivo, essendo legata alla tradizione popolare e povera. I benefici sono simili a quelli del naan, con la differenza che l'aggiunta di patate rende un pochino più pesante questo pane. Resta comunque digeribilissimo e godibilissimo, ottimo per accompagnare stufati di carne o pesce o legume, proprio come il più semplice naan.

PREPARAZIONE

Scegliete bene il vostro piano di lavoro sul quale verserete entrambi i tipi di farina.

Cominciate versando dell'olio e poi, piano piano, l'acqua, mentre iniziate ad impastare bene per ottenere una pasta liscia, omogenea, elastica e abbastanza asciutta.

Quando l'impasto avrà raggiunto la consistenza ideale, fatene una palla e riponetela in un canovaccio appena umido, ma non bagnato e lasciate riposare per un'ora.

Riprendete l'impasto e lavoratelo di nuovo.

Fate riposare per un'altra mezz'ora.

Riprendete l'impasto e fatene tante piccole palline, che farete riposare per un'altra mezz'ora.

A parte, mentre attendete, fate lessare le patate in abbondante acqua leggermente salata.

Quando le patate saranno pronte, spellatele e tagliatele a pezzetti.

Sul piano da lavoro, spolverate un po' di farina e prendete una pallina, mettetela al centro, schiacciatela come un dischetto con il mattarello e adagiatevi al centro un po' di patate con il prezzemolo. Prendete un'altra pallina e schiacciatela sopra a chiudere il dischetto.

Prendete il mattarello e cominciate a lavorare questo disco più robusto, in modo da amalgamare le patate all'impasto di pane.

In una padella versate un po' di olio (o di ghi) e fatelo scaldare. Cuocete nella padella il vostro dischetto fino alla sua indoratura e ripetete il passaggio con tutte le altre palline.

Servitele su un piatto e salatele leggermente in superficie.

SAMOSA

INGREDIENTI

farina 500gr

acqua q.b.

olio 1 bicchiere

sale q.b.

patate 5

piselli 200gr

carote 3

coriandolo 1 cucchiaino

cumino 1 cucchiaino

finocchio 1 cucchiaino

zenzero 1 pezzetto

peperoncino 2 freschi

200

curry 1 cucchiaio

ghi a piacere

Samosa è veramente molto comune impossibile non riconoscerle nella loro forma conica e ricca di ripieno alla carne o verdure. Sono gustosissime e si possono servire come antipasto o come merenda.

Per questo sono note anche per essere lo street food per eccellenza in India e si possono mangiare accompagnate da salse allo yogurt, salse agropiccanti, agrodolci e alla menta.

È un piatto completo, anche se la frittura lo rende abbastanza caldo e pesante; contengono i cinque sapori e i cinque colori, e sono quindi considerate un piatto equilibrato, almeno che non se ne mangi troppe! Cosa facile che accada, poiché sono davvero il piatto dei golosi.

Le più comuni sono ripiene di patate, piselli, carote, e contengono spezie come la curcuma, il peperoncino e lo zenzero.

Per renderle più piccanti si aggiunge il garam masala, diventando così particolarmente speziate e profumate.

Non devono essere troppo unte, significa che non sono state fritte appropriatamente. Devono perciò risultare croccanti e asciutte.

Si possono tranquillamente fare in casa, anche se la preparazione richiede un po' di pazienza.

Si servono accompagnate dal masala chai, oppure, come detto, risultano essere un ottimo antipasto.

Sono un cibo vegetariano, ma ciò non toglie che si possa aggiungere della carne nel ripieno, per chi lo desidera.

I più fantasiosi aggiungono anche arachidi od anacardi e spesso, così fatte, piacciono molto anche ai bambini.

La salsa di accompagnamento in assoluto più indicata è il chtuney, ovvero una marmellata di cipolla e frutta speziata, che ricorda molto le nostre mostarde per le carni, ma molto più dolce.

PREPARAZIONE:

Versare l'olio sulla montagnetta di farina che avrete disposto sul piano di lavoro e cominciate a lavorare fino a che l'olio non sarà tutto assorbito dalla farina e aggiungete acqua man mano, quanto basta.

L'impasto dovrà risultare umido, elastico, non troppo secco, oppure la pasta si sfalderà e non risulterà abbastanza croccante alla fine.

Lasciate riposare l'impasto per 40'.

Prendete poi il mattarello e cominciate a

spianare l'impasto una volta e poi ripiegatelo, due volte e poi ripiegatelo, tre volte e poi così andate avanti per una decina di volte almeno.

Non deve essere finissimo, ma abbastanza da via via ripiegarlo e rischiacciarlo, fino a che lascerete l'impasto spianato ad uno spessore di circa ½ cm.

Se l'impasto dovesse asciugarsi, ungete un pochino il mattarello, senza aggiungere né acqua all'impasto, né altro olio.

Dopo che l'impasto avrà riposato, spianatelo e dividetelo in parti uguali, facendo tante piccole palline.

Dovrete fare con l'impasto tante piccole palle, avendo cura che, mentre siete all'opera, non si asciughi.

Schiacciate ogni pallina come un ovale.

Dividete ogni ovale in due parti, bagnate leggermente i bordi, e cominciate a riattaccarli dando loro la forma di un cono.

Riempite i samosa del ripieno (ricetta sotto: parte 2 il ripieno) aiutandovi con un cucchiaio.

Andranno fritte a fuoco medio, non altissimo.

Appena raggiungeranno un bel colore, potrete sfiammare la frittura e alzare il fuoco alla fine della cottura.

Le samosa possono anche essere congelate.

Volendo si potrebbero fare anche al forno, per 30'/35' in forno preriscaldato a 180C.

Parte 2- il ripieno

Bollite le patate oppure cuocetele in pentola a pressione. Pelatele. Tagliatele a cubetti.

Cuocete i piselli, bolliti o in pentola a pressione. Potete usare anche quelli già cotti in scatola, ma l'ayurveda lo sconsiglia, preferibili sono i cibi freschi e non conservati.

Scaldate in una padella i semi di cumino, di finocchio e il coriandolo. Lasciate che tostino leggermente. Aggiungere poi lo zenzero tritato, il peperoncino verde fresco, e soffriggete per un minuto.

Versate le patate a cubetti e i piselli in padella e saltate il tutto.

Aggiungete le spezie se lo desiderate, come il garam masala o ulteriore peperoncino. Aggiungete un po' di sale, meglio se quello himalayano.

MASALA DOSA

INGREDIENTI:

lenticchie 100 gr (meglio quelle gialle e spezzate o comunque quelle piccole)

riso 300 gr

fieno greco macinato 35 gr

acqua q.b.

sale q.b.

patate 5

curcuma 1 cucchiaino

coriandolo 1 cucchiaio

semi di mostarda 1 cucchiaino

anacardi 60 gr

cumino 1 cucchiaino

zenzero un pezzetto

cipolle 2

peperoncino verde fresco 1

Il Masala dosa è una crêpe di riso, lenticchie e patate, con l'aggiunta di spezie, molto comune al sud dell'India.

Si prepara mettendo dapprima a mollo le lenticchie, e poi macinandole insieme al riso. Questa "farina" così ottenuta, viene fatta fermentare per una notte e poi utilizzata per preparare l'impasto di queste crêpes, che risulta molto croccante e molto gustoso.

Di solito servite con le patate speziate, può essere accompagnato anche da altre verdure o fare da contorno per la carne.

Si serve anche con il pane o con lo yogurt di lato, per inzuppare la crêpes e renderla più fresca alla digestione.

PREPARAZIONE:

Per preparare il masala dosa, meglio utilizzare il riso spezzato o quello che viene utilizzato anche per fare il sushi, che risulta più glutinoso e gommoso. In ogni caso, qualsiasi tipo di riso, preferibilmente bianco, evitate quello integrale, andrà benissimo.

Ottima anche l'aggiunta di poha, ovvero i fiocchi di riso, che potrete acquistare in qualsiasi negozio di cibo etnico o macrobiotico.

All'impasto, tradizionalmente, vengono aggiunti anche i semi di fieno Greco, methi in hindi, anche questi passati al mortaio e resi in polvere. Aiutano a dare una consistenza croccante al dosa, una volta cotto.

Le proporzioni sono di 1 a 3 per le lenticchie e il riso, quindi 100 gr di lenticchie ogni 300gr di riso.

La padella, che utilizzate per fare queste crêpes, dovrà essere ben unta: utilizzate olio, oppure ghi.

Cominciamo mettendo il riso in un recipiente e in una ciotola più piccola, i semi di fieno greco macinati.

In un secondo recipiente, insieme alle lenticchie che avrete precedentemente messo a bagno, aggiungete il fieno greco e mescolate.

Aggiungete i fiocchi di riso, che avrete passato sotto l'acqua, al riso. Versate due bicchieri di acqua circa a questo impasto di riso e fiocchi di riso e mescolare bene, fino a quasi assorbimento.

Scolare via l'acqua rimasta dal recipiente del riso e da quello delle lenticchie.

Adesso passiamo a macinare l'impasto di riso

e quello di lenticchie e fieno greco, separatamente.

L'impasto umido dovrà risultare come una pappa, e aggiungete acqua quanto basta se necessario.

Mescolate le due macinature insieme e girate fino a che si saranno ben amalgamate. Aggiungere un po' di sale.

Coprire il recipiente con un panno e lasciare riposare per 7-8 ore, o tutta la notte.

A parte preparate le patate:

Cuocete le patate, o bollite, oppure in una pentola a pressione.

Dovranno risultare ben cotte.

Pelatele e tagliatele a pezzetti, una volta cotte.

Ponetele in un recipiente e tritate a parte come un battuto (potete aiutarvi con una mezza luna) il coriandolo, zenzero, il peperoncino verde e le cipolle tritate finemente.

Scaldate il ghi o l'olio in una padella: fate tostare gli anacardi, leggermente.

Aggiungete i semi di mostarda e il cumino.

Aggiungete il battuto con le cipolle e le altre spezie e lasciate soffriggere, fino a che la cipolla non sarà appassita bene e imbiondita.

Aggiungere la curcuma e lasciare soffriggere un altro minuto.

A questo punto, versare le patate e lasciarle insaporire.

Aggiungere un po' di sale alla fine.

Versare questo impasto di patate speziate, ovvero la vostra masala per i dosa in un recipiente a parte.

Riprendete l'impasto di riso e lenticchie che avevate messo da parte a riposare.

Scaldate bene la padella, meglio se ne utilizzate una ben larga, di quelle per fare le crêpes. Ungetela con un po' di olio o imburratela con il ghi.

Mantenere la fiamma moderata, quasi bassa.

Spalmare un po' dell'impasto sulla padella e spianarlo bene, come quando si fa una crêpes.

Lasciate cuocere fino ad indoratura da una parte e poi, stando attenti, staccatela e giratela, lasciando che cuocia sull'altro lato.

Dovrà risultare dorata e croccante.

A perfetta indoratura, adagiate in mezzo al dosa, aiutandovi con un cucchiaio, un po' di impasto delle patate speziate.

Impiattate e servite.

Possono essere accompagnate con del chutney o con dello yogurt a parte.

Rende la ricotta più digeribile, fresca e gustosa.

RISO BIRYANI

INGREDIENTI

riso basmati 1 kg

ghi 2 cucchiai

chiodi di garofano 3

peperoncini verdi 3

anice stellato 1

cannella una piccolo stecca

cardamomo 4

zenzero 1 pezzetto

coriandolo 1 cucchiaino

aglio 3 spicchi

lime 2

zafferano 1 gr

Il riso biryani è un piatto molto comune, servito per accompagnare carni, pesce o verdure, pane, polpette kofta, zuppe, lenticchie e servito spesso con l'aggiunta di una spruzzata di limone.

Dal sapore fresco, aiuta la digestione di piatti più caldi o pesanti.

Ne esistono diverse varianti, ma certamente quella vegetariana preparata con latte di cocco o yogurt è abbastanza comune.

È un riso speziato, cotto nelle sue stesse spezie. Si trova il cumino, la curcuma, ma non è particolarmente caldo, quindi per renderlo un piatto equilibrato non useremo il garam masala, ma delle spezie fresche, che riequilibrano i doshas.

Per la guarnizione si possono usare degli anacardi o qualche fiocco di cipolla fritta.

Se volete un piatto davvero nobile e

perfettamente salutare, usate lo zafferano.

PREPARAZIONE:

Sciacquate il riso basmati sotto l'acqua, per un paio di volte e lasciatelo a mollo per una mezz'ora.

Scaldate due cucchiai di ghi sul fondo della pentola a pressione. Aggiungete al ghi appena scaldato i semi e le spezie.

Aggiungete al soffritto lo zenzero, l'aglio e il peperoncino finemente tritati (aiutatevi con la mezza luna per fare un battutino).

Lasciar soffriggere per qualche minuti a fuoco lento.

A questo punto aggiungere lo zafferano.

Aggiungere dentro la pentola a pressione a questo soffritto, dell'acqua, 1/3 del volume del riso.

Mescolare.

Aggiungere il succo dei due lime.

Versare il riso e chiudere la pentola a pressione.

Il tempo di cottura sarà di circa 7-8 minuti.

Se non avete la pentola a pressione, usate una capiente normale. In questo caso, il volume dell'acqua dovrà essere poco meno del doppio di quella del riso. La cottura di circa 10'. Fino a che l'acqua non sarà completamente assorbita.

Potete servire il riso biryani con qualche fiocco di cipolla che avrete fritto a parte, magari con un po' di curcuma per dare colore e degli anacardi tritati.

CREMA DI ZUCCA CON FINOCCHIO E GINGER

INGREDIENTI

pepe nero 1 cucchiaio

zucca 2 kg

semi di finocchio 1 cucchiaio

aglio 2 spicchi

ghi 2 cucchiai

zenzero 30 gr

lime 1

cipolla bianca 2

sale himalayano 1 cucchiaio scarso

Questa deliziosa zuppa, ottima per l'autunno e rispettosa delle quattro stagioni se consumata tra fine settembre e novembre, è un ottimo rimedio per i dolori gastrici, ma anche le malattie da freddo. Il pepe nero aumenta il dosha kapha e mitiga pitta, quindi favorisce il transito intestinale e lo riequilibra in caso di infiammazioni, e favorisce il fuoco digestivo, senza aggravarlo. Non esagerare mai con il pepe nero, in generale, che è anche un ottimo rimedio per il raffreddore. La zucca è un ortaggio equilibrato, anche questa mitiga sia kapha che pitta. L'aglio è un antibiotico naturale, e in caso di febbre è un rimedio eccellente. Non esagerare in caso di disturbi gastrici, oppure eliminarlo direttamente dalla ricetta in caso di reflusso cronico. Il ghi viene aggiunto alla ricetta per renderla un ottimo piatto ricostituente, anche per i bambini. Il lime rinfresca e profuma, attiva le funzione epatobiliari. La cipolla bianca, quando cotta, perde la sua qualità forte di potenziamento del fuoco, quindi si rende molto più digeribile, e anche essa è un eccellente rimedio per le malattie da freddo. Il piatto, dunque, nel suo complesso mitiga Vata ed è un calmante perfetto, ma anche una fonte di energia, dopo che queste sono state consumate dal sole durante l'estate. Umidifica il corpo, nutre dunque i rasa e tutti i liquidi corporei. La zuppa di zucca fa bene anche a chi vuole perdere peso in modo sano e controllato.

PREPARAZIONE:

Prendere una casseruola e ungerla con il ghi. Aggiungere la cipolla mondata e tritata e lasciar soffriggere delicatamente. Aggiungere prima i semi di finocchio e lasciarli tostare leggermente, poi mettere il ginger e l'aglio fino ad imbiondirlo.

Versare a questo punto la zucca, precedentemente provata della sua buccia e tagliata a pezzetti e il succo di lime.

Aggiungere acqua, se necessario, e lasciare che la zucca appassisca (si cuoce abbastanza velocemente). Alla fine aggiungere il sale, preferibilmente quello himalayano e il pepe.

Aiutatevi con una forchetta o con un frullatore e rendete il tutto ad una crema.

Servire calda, magari con qualche naan di accompagnamento.

ZUPPA ORZO

INGREDIENTI

orzo 200 gr

verdure a scelta 200 gr (patate, carote, zucca, o secondo stagione)

ghi 1 cucchiaio

curry o garam masala 1 cucchiaio

senape 1 cucchiaino

cumino 1 cucchiaino

fieno greco 1 cucchiaino

cardamomo 1 cucchiaino

curcuma 1/2 cucchiaino

alloro qualche foglia

cipolla bianca 1

aglio 2 spicchi

zenzero 1 pezzetto

zafferano 1 gr

lime 1/2

La zuppa di orzo è nutriente, equilibrata e pacifica i tre doshas, Vata, Pitta e Kapha.

Con l'aggiunta di spezie si rende più digeribile, ed è ottima per coloro che sono di costituzione Vata, poiché calma il vento ed è leggermente sedativa.

PREPARAZIONE

Sciacquate l'orzo sotto l'acqua.

Cuocerlo in acqua bollente per circa 40-45'. Anche qui le proporzioni saranno di 1 a 3, ovvero 1 di orzo, 3 di acqua, perché non arriva a completo assorbimento, ma a fine cottura resti un po' di acqua.

Preparate il soffritto con la cipolla, tritata finemente, le spezie e le verdure.

Quindi, pulite dapprima le verdure e tagliatele in pezzetti longitudinalmente, poi mettetele da parte.

Pulite e mondate la cipolla, tritatela finemente insieme all'aglio, aiutandovi con la mezzaluna per fare un battuto fino fino.

Riscaldate in un grande wok o una casseruola, il ghi.

Versare il soffritto.

Versare il curry o il garam masala, ciò che avrete scelto, a vostro piacimento.

Unire le altre spezie e lasciare dorare leggermente a fiamma bassa.

Versare le verdure.

Lasciate saltare per qualche minuto.

Quando l'orzo sarà pronto, unirlo alle verdure, con la sua acqua, nella casseruola. Lasciate insaporire il tutto.

Lasciate bollire per 2 o 3'.

Spegnete il fuoco e aggiungete il succo del ½ lime lo zafferano.

Servite calda.

MANGO DAHL

INGREDIENTI

lenticchie gialle 200 gr

acqua ½ lt

sale 1 cucchiaio

curcuma 1 cucchiaio

olio di sesamo 1 cucchiaio

cumino 1 cucchiaino

cipolla 1

aglio 4 spicchi

ginger un pezzetto

coriandolo essiccato 1 cucchiaino

coriandolo fresco un mazzetto

peperoncino ½ cucchiaino

mango 2

Questa deliziosa pietanza è un ottimo rimedio ricostituente, ma anche adatto a quasi tutte le età e tipologie. Nel caso soffriate di bruciori di stomaco, potrete evitare di aggiungere il peperoncino e sostituirlo con un poco di curcuma in più. La lenticchia gialla, il mango, il cumino, la curcuma, sono ingredienti molto equilibrati e con l'aggiunta di zenzero promuovono il movimento dell'energia, favorendo il fuoco digestivo e il transito intestinale.

PREPARAZIONE:

Sciacquate bene le lenticchie.

Prendete una padella larga e dai bordi alti, meglio se tipo wok o casseruola. Versate l'acqua, le lenticchie, il sale, la curcuma.

Portate ad ebollizione e lasciate cuocere per

15'.

Da parte, in una padella, scaldate l'olio. Abbiamo consigliato quello di sesamo, ma anche di semi di girasole o olio di oliva extravergine andrà benissimo. All'olio, appena caldo, aggiungete il cumino e tostatelo leggermente.

Aggiungete la cipolla e attendete la sua indoratura.

A questo punto versate, insieme alla cipolla nella padella, l'aglio, il ginger schiacciato o tritato finemente, il peperoncino, un pizzico di sale, tenete la fiamma bassa e girate per mescolare gli ingredienti nell'olio per bene.

Prendete il composto quando sarà pronto e versatelo con il mango che avrete precedentemente mondato e tagliato a cubetti, tutto nella casseruola con le lenticchie.

Cuocete per 15' Aggiungete a fine cottura il coriandolo fresco tritato molto finemente.

CHANA MASALA

INGREDIENTI

cipolla 1

pomodoro 1

zenzero 1 pezzo

aglio 4 spicchi

peperoncino verde fresco 1

peperoncino rosso 1 cucchiaio

coriandolo 1 cucchiaio

garam masala 1 cucchiaio

curcuma 1 cucchiaio

ceci 700 gr

coriandolo fresco tritato per la guarnizione

olio q.b.

sale q.b.

acqua q.b.

La cucina indiana è salutare ma anche estremamente gustosa, e spesso può apparire anche molto forte a chi non vi è abituato. Pensate che il chana masala, ovvero questo mix di ceci molto speziati, vengono spessi serviti per colazioni con i puri, il pane fritto; è facile infatti trovare a chi si trova in viaggio, dei baracchini di street food appostati alle fermate degli autobus che al mattino presto servono questa delizia molto energetica a tutti i lavoratori che si trovano in transito. La consigliamo, secondo le regole della ayurveda, di non consumarla al mattino, e di non consumarla in piena estate, soprattutto se si soffre di problemi di gastrite, pesantezza e sovrappeso.

Resta comunque molto nutriente,

estremamente gustoso, energico e adatto a chi deve affrontare molte ore di lavoro.

PREPARAZIONE:

Mondate e tritate finemente la cipolla, il pomodoro, lo zenzero, l'aglio, il peperoncino verde ; preferibilmente usate la mezza luna, per ottenere un fine battuto.

Scaldate l'olio leggermente e versate il battuto, il tutto in una padella bella capiente e con bordi alti, meglio una casseruola o uno wok.

Aggiungete tutte le spezie, il peperoncino secco, il coriandolo, la curcuma, il garam masala e mescolate. Lasciate scaldare per due o tre minuti.

Versate i ceci, lasciate tostare qualche secondo e versate l'acqua, abbassando la fiamma. Lasciate cuocere. Circa 45', fino alla cottura dei ceci e lasciando assorbire bene l'acqua, fino a che non sia tutta evaporata. Eventualmente potete cuocere aggiungendo via via acqua se avrete precedentemente precotto i ceci.

Un altro modo è far andare i ceci a parte nella pentola a pressione per 40' e quando cotti versarli nel battuto che avete soffritto, per insaporirli.

Guarnire con il coriandolo fresco.

PALAK PANEER

INGREDIENTI

spinaci 1 kg

pomodoro 1

aglio 4 spicchi

cipolla 1

peperoncino verde 1

zenzero un pezzetto

paneer o tofu 250gr

Palak paneer è un piatto molto amato dai bambini in India.

I paneer è un formaggio che assomiglia molto al nostro primo sale, ma si ottiene senza l'uso del caglio (che è di origine animale, sarebbe lo stomaco di vitello essiccato), ma con una cagliatura naturale del latte, spesso ottenuta con l'aggiunta di qualche goccia di limone.

È un piatto molto comune ed estremamente digeribile, specialmente se non si aggiungono spezie ulteriori.

Palak significa spinaci, e quindi Palak paneer significa formaggio e spinaci; ha l'aspetto di una crema e, perciò, facilmente proponibile come piatti ricco di verdura ai bambini capricciosi.

È indicato anche per i vegetariani. Se desiderate una versione totalmente vegana, potete usare il tofu al posto del paneer.

Si può servire con del riso bianco di accompagnamento.

PREPARAZIONE:

Portare una pentola di acqua ad ebollizione, e buttate gli spinaci perché si cuociano, con un pizzico di sale. Cuoceranno in fretta, in qualche minuto.

Scolateli.

In un frullatore, mettete gli spinaci, un pomodoro, 3 spicchi di aglio, lo zenzero e il peperoncino verde. Fate una purea e mettetela da parte.

In una padella, fate appassire con un po' di olio la cipolla con l'aglio rimasto.

Aggiungete un po' di acqua alla cottura se necessario.

Come ultima cosa, versate il paneer o il tofu e mescolate bene tutti gli ingredienti. Spengete il fuoco. Per ottenere una crema bella compatta, potete ripassare tutto nel frullatore di nuovo.

Servite con riso bianco a parte o con qualche naan.

ALOO GOBI

INGREDIENTI

olio 2 cucchiai

peperoncino rosso 1

aglio 2 spicchi

ginger un pezzetto

garam masala 1 cucchiaio

curcuma ½ cucchiaio

peperoncino ½ cucchiaio

cavolfiore 1

brodo ½ lt

sale himalayano

pepe nero ½ cucchiaino

coriandolo fresco 1 ciuffo

Aloo Gobi, letteralmente, patate e cavolfiore, è un piatto vegetariano, semplice e molto salutare.

Si può servire con o senza spezie, con o senza l'aggiunto di pomodori.

Accompagna di solito la carne, come il pollo o l'agnello. Va bene consumato a pranzo o a cena, essendo nutriente e molto digeribile.

PREPARAZIONE

In una padella molto capiente, preferibilmente uno wok, mettete a scaldare l'olio (o anche il ghi se preferite e lo avete).

Aggiungete il peperoncino fresco, l'aglio, lo zenzero, e soffriggete fino a che non si siano dorati.

Aggiungete al soffritto e a fiamma bassa il garam masala, la curcuma, e il peperoncino in polvere, tostandoli molto delicatamente per appena un minuto.

Aggiungete le patate che avrete pelato e tagliato a pezzi grossolanamente, il cavolfiore, tagliato a pezzi della stessa dimensione delle patate, e versate il brodo, alzate un po' la fiamma a questo punto e portate ad ebollizione. Riabbassate la fiamma.

Mettete un pizzico di sale e lasciate cuocere fino a che le patate e il cavolfiore non diventino teneri.

Quando è pronto potrete guarnire con il coriandolo fresco finemente tritato.

MELANZANE SPEZIATE

INGREDIENTI

melanzane 2

pomodori 2

semi di sesamo 2 cucchiai

arachidi 2 cucchiai

cocco grattugiato 2 cucchiai

curcuma 1 cucchiaio

coriandolo in polvere ½ cucchiaio

cumino ½ cucchiaio

garam masala ½ cucchiaio

peperoncini (rossi o verdi freschi) 2

peperoncino in polvere ½ cucchiaino

foglie di curry 5

lime 1

acqua 1 bicchiere

sale preferibilmente himalayano 1 pizzico

ghi 1 cucchiaio

Questo piatto è tipico della tradizione Indiana , specialmente al sud.

Di sapore e vipaka piccante, aiutano vata e aumentano il fuoco digestivo. Sono anche indicate per stimolare la diuresi.

Così cotte, si possono servire accompagnate a dello yogurt per smorzare la valenza di fuoco dovuta alle spezie del garama masala.

PREPARAZIONE

Lavate e tagliate a dadi le melanzane e i pomodori.

Fate scaldare in una padella il ghi.

Mettetevi a tostare le arachidi, i semi di sesamo, i peperoncini freschi tagliati a pezzetti, il cocco grattugiato, aggiungete un pochino di acqua e lasciate andare a fuoco moderato.

In un'altra padella, scaldate il ghi e versatevi i pomodori. Lasciateli andare per un paio di minuti.

Aggiungete i pomodori al battuto precedentemente soffritto e aggiungete anche le spezie rimaste, ovvero le foglie di curry, e il resto dei peperoncini. Aggiungete acqua e il succo del lime spremuto.

A questo punto versate le melanzane, la restante acqua e fate andare per circa 15'.

Servite caldo accompagnato da qualche naan.

VERDURE CON MASALA

INGREDIENTI

verdure di stagione 500 gr

rape rosse medie 2

latte di cocco 1 tazza

farina di riso 1 cucchiaio

olio di girasole 2 cucchiai

alloro 1 foglia

cannella un pezzetto

cardamomo 5

pepe nero ½ cucchiaino

chiodi di garofano 3

peperoncino verde fresco 1

cumino in polvere ½ cucchiaino

zucchero di canna 1 cucchiaino

anice stellato 1

zafferano 1gr

cipolla bianca 1

sale q.b.

PREPARAZIONE

Mondate le rape e tagliatele a dadini.

Cuocetele in acqua nella pentola a pressione per una ventina di minuti.

A parte, mettete lo zafferano in mezzo bicchiere di acqua tiepida.

Mondate le cipolle e tagliatele finemente, aiutandovi con la mezzaluna.

Scaldate appena il latte di cocco e diluitevi il pepe nero. Lasciare a parte.

Scaldate l'olio in una casseruola o wok.

Versate l'alloro, la cannella, il cardamomo, i chiodi di garofano, il peperoncino.

Lasciar andare fino a leggera indoratura a fiamma bassa.

Aggiungere la cipolla e lasciar soffriggere per qualche minuto, fino a che la cipolla non sarà appassita e dorata appena.

A questo punto aggiungete il cucchiaino di zucchero, l'anice stellate e il cumino.

Continuare a fiamma bassa ancora per 1 minuto.

Versare le rape che avete cotto nella pentola a pressione e aggiungere le altre verdure tagliate finemente con il latte di cocco e con il pepe che avevate lasciato macerare. Alzare un poco la fiamma e lasciar andare fino ad assorbimento.

Versare poi l'Acqua con lo zafferano e un

pizzico di sale, fino ad assorbimento, sempre a fiamma non alta, ma moderata.

Fate sobbollire per un paio di minuti.

Potete servire con salsa di yogurt e accompagnare le verdure con i naan.

TANDOORI CHICKEN

INGREDIENTI

Pollo cosce a sovraccosce circa 600gr

Paprika 2 cucchiai abbondanti

Peperoncino kashmiro 3 cucchiai

Olio q.b.

Non serve necessariamente avere un tandoori tradizionale per preparare questo piatto. L'importante è che la marinatura sia perfetta ed eseguita con cura. È uno dei piatti tradizionale internazionalmente riconosciuti.

Il peperoncino kashmiro è ciò che rende il pollo tandoori di quel tipico colore rosso-violaceo se lo si lascia marinare in questa saporitissima spezia per qualche ora, insieme alla paprika.

Si serve con una spolverata di zafferano, la regina delle spezie.

È un piatto caldo, pesante, ottimo per l'inverno.

Può essere stemperato e reso più digeribile, accompagnato da salsa di yogurt.

PREPARAZIONE

per la marinatura:

Prendete il pollo tagliato a pezzi, cosce e sovraccosce. Mettetele in un recipiente dove verserete per la marinatura la paprika e il peperoncino kashmiro e massaggiate con l'olio perché le spezie vengano ben assorbite.

La marinatura, per essere ottimale, dovrà riposare per almeno 12 ore, meglio se 24 ore.

Alla fine del tempo, dovrà essere di un colore rosso violaceo molto vivace.

Al termine della marinatura, in forno preriscaldato a 180C infornate. Lasciate cuocere per 40'-45', dipende dalla grossezza dei pezzi del pollo.

Servite in un piatto con una spolverata di zafferano.

Il pollo tandoori è perfetto se servito con salsa di yogurt e menta a parte.

Accompagnare con qualche naan.

Buon appetito!!!

MANZO CON SALSA DI YOGURT E CETRIOLO

INGREDIENTI

yogurt 1 tazza

cetriolo 2

cipolla 1

peperoncino verde fresco 1

menta fresca 1 ciuffo

cumino 1 cucchiaino

aglio 2 spicchi

sale q.b.

manzo 400 gr

olio q.b.

Il manzo è considerato per la medicina ayurvedica pesante, dolce. Generalmente non consumato dagli induisti, può essere sostituito dall'agnello.

PREPARAZIONE

Tagliate finemente come un battuto, il peperoncino, la cipolla e il cetriolo, tutto separatamente.

Aggiungete allo yogurt I cetrioli e la menta e lasciate riposare.

In un recipiente mettete la cipolla, il peperoncino, il cumino, l'aglio anch'esso tritato e versate il manzo tagliato a grossi dadi. Lasciate marinare per una mezz'ora.

Preriscaldate il forno a 180C.

Infornate per circa 35'-40', dipende dalla grossezza dei dadi di carne.

Servite con la salsa di yogurt a parte e qualche naan di accompagnamento.

CAPRETTO AL CURRY

INGREDIENTI

Cipolla 1

Aglio 10 spicchi

Zenzero 1 pezzo

Olio 1 bicchiere (di semi o d'oliva)

Peperoncino verde fresco 2

Foglie di curry 6 o 7

Timo 1 ciuffo

Curry 1 cucchiaio abbondante

Capretto tagliato a pezzi grossolanamente 700gr

Pomodori 7

Lime 1 (il succo)

Coriandolo fresco 1 ciuffo

Questo piatto non è complicato. È molto nutriente ed è ideale se servito con riso bianco a parte. Alimento completo, l'agnello è considerata la carne più equilibrata esistente in natura, indicate per tutte le età e le stagioni.

PREPARAZIONE

Tritare a battuto, con una mezzaluna, la cipolla, l'aglio e lo zenzero.

Scaldare l'olio in una padella.

Aggiungere il battuto e lasciar soffriggere a fuoco basso per qualche minuto, fino a che la cipolla si sia appassita e sia diventata dorata, leggermente.

Versare i peperoncini tritati, le foglie di curry, il curry in polvere. Lasciar andare per un minuto per tostarli delicatamente.

Versare i pezzi di carne nella padella e lasciar andare per 5', fino a che la carne non risulti scottata su tutti i lati.

Aggiungere i pomodori tagliati a piccolo dadini.

Alzare la fiamma e coprire.

Lasciar andare per circa 10' e aggiungere pochissima acqua, se necessario.

Se desiderate che la carne sia più speziata, potete aggiungere del garam masala alle altre spezie che adesso andrete ad aggiungere insieme al coriandolo fresco.

Servire con riso bianco a parte.

KERALA FISH CURRY

INGREDIENTI

merluzzo (o altro pesce) 500 gr

scalogno 4

coriandolo 1 cucchiaino

zenzero un pezzo

semi di mostarda 1 cucchiaino

fieno greco 1 cucchiaino

foglie di curry 5

peperoncino fresco verde o rosso 2

curcuma 1 cucchiaio

acqua 1 bicchiere

olio q.b.

Il pesce ideale per preparare questo piatto può essere il palombo, ma anche il pesce spada può andare benissimo. Perfetto è il baccalà ammollato. Per i palati più delicati è indicato anche lo scorfano. Vi potete sbizzarrire.

Il pesce è un piatto caldo e pesante, e secondo l'ayurveda non dovrebbe essere consumato in eccesso.

Gli indiani usano il kudampuli, una specie di merluzzo, con aggiunta di sardine.

È un piatto molto speziato, saporitissimo, da servire con riso bianco è l'ideale.

PREPARAZIONE

Fate scaldare l'olio di cocco in una casseruola e aggiungete i semi di mostarda per tostarli, insieme alle foglie di curry e il fieno greco.

Lasciate andare per un minuto.

Pestate lo zenzero in un mortaio e aggiungete i peperoncini freschi tritati nella padella, con lo scalogno precedentemente tritato a battuto.

Aggiungete subito un pizzico di sale e versate lo zenzero nella padella, facendo andare il soffritto per 2 o 3 minuti a fuoco moderato.

Mettete in un piccolo recipiente, la curcuma, il coriandolo, la polvere di peperoncino. Potete usare anche peperoncino kashmiro, quello più scuro.

Versate la miscela nella padella e lasciate andare a fiamma basse per un paio di minuti, fino a che non si sarà amalgamato tutto all'olio caldo.

A questo punto versate mezzo bicchiere di acqua nella padella insieme a questo soffritto.

Versare il pesce e lasciar andare a fuoco moderato per 5'.

Coprire con il coperchio.

Attendere la complete cottura del pesce, 10' circa, dipende dalla grossezza dei pezzi.

Rimuovete le foglie di curry e servite.

RASMALAI

INGREDIENTI

farina q.b.

latte condensato 1 tubetto

latte fresco 1 bicchiere

panna liquida 250cl

zafferano 1 gr

pistacchi un cucchiaio

cardamomo 3

acqua di rose 2 cucchiai

Il Rasmalai è un dessert tipico del Bengala e delle regioni orientali dell'India.

Significa : dolce di formaggio.

Il Bengala è la regione più famosa per la produzione dolciaria, numerose sono infatti le pasticcerie e i negozi di dolciumi.

Consiste in una pallina di pasta di latte concentrato, servito con una crema aromatizzata al cardamomo o allo zafferano.

Viene fatto bollire il latte, con l'aggiunta di lime o aceto per la cagliatura.

La cagliata, del latte ormai solidificato, viene poi tagliata a pezzi e divisa in tante piccole palline. Vengono poi cotte nel latte, con i pistacchi, il cardamomo e lo zafferano.

Se non riuscite a cagliare il latte alla maniera Indiana, potrete procedure con il fare un impasto di farina e latte condensato e l'aggiunta di zucchero.

In un pentolino farete bollire il latte con le spezie e vi verserete le palline per aromatizzarle.

Da servire con panna fresca (come variante), non montata, con una spruzzata di acqua di rose e zafferano e una spolverata di pistacchi tritati.

PALLINE DI SESAMO

INGREDIENTI

semi tostati misti (sesamo, girasole, papavero, zucca...) 60-80 gr

uvetta e o datteri 30 gr

zafferano 1gr

cardamomo 3

ghi q.b.

cocco grattugiato

Sono dolcetti piacevoli, semplici, senza aggiunta di zucchero o miele, quindi non è un cibo pesante e viene spesso preparato vicino e in prossimità dei templi per essere offerto agli dei.

PREPARAZIONE

In un frullatore mettete tutti i semi.

Dopo che avrete frullato i semi, aggiungete l'uvetta o i datteri o tutti e due.

Mescolate in un recipiente Il composto frullato, insieme al ghi e alle spezie. Il cardamomo vi consigliamo di pestarlo nel mortaio.

La quantità di ghi varierà a secondo della consistenza della pasta, che dovrà essere adatta a farne delle palline di 2- 3cm di diametro.

Spolverate, se lo desiderate, con il cocco grattugiato.

MASALA CHAI

INGREDIENTI

tè nero assam la quantità di due bustine o 1 cucchiaio pieno se sfuso

latte 1 bicchiere e 1/2

cardamomo 3

cannella 1 stecca di 10 cm

chiodi di garofano   4

zenzero 30gr

noce moscata ½ noce

anice stellato 2

Il chai è un simbolo dell'India che tutti conosciamo.

Il classico bicchiere di tè speziato con il latte, servito ovunque e ad ogni angolo della strada è entrato a far parte delle comuni abitudini di tutti gli indiani ed è molto amato in tutto il mondo, tanto che esistono persino bevande confezionate che offrono questa miscela già preparata da consumare fredda o calda.

Certamente ,se vi capiterà di viaggiare in India, il classico bicchierino caldo di chai non mancherà mai.

Si beve nei momenti di pausa, a fine pasto, si serve agli ospiti e lo vendono sul treno gli ambulanti.

Il cardamomo mitiga pitta e kapha; la cannella mitiga pitta e aumenta kapha; il chiodo di garofano aumenta pitta e mitiga kapha; lo zenzero mitiga pitta e aumenta kapha; la noce moscata mitiga vata, aumenta pitta e kapha; l'anice stellato mitiga pitta e mitiga kapha.

Proprio grazie alla proprietà di queste spezie, il

chai è un ottimo digestivo, in particolare per digerire i piatti molto speziati, tipici della cucina indiana, soprattutto quelli del nord.

È una bevanda calda, un tonico eccellente, consigliato per l'inverno.

Le indicazioni sulle qualità dei doshas, vi aiuteranno a regolarvi nella preparazione, a seconda della vostra predisposizione, vata, pitta o kapha.

PREPARAZIONE:

Pestate in un mortaio tutte le spezie.

A parte in un pentolino, versate dell'acqua, circa ¾ lt per ogni due bustine di tea. Versate le spezie nell'acqua e portate ad ebollizione per 2'.

Aggiungete il tea, abbassando la fiamma e lasciate bollire il tutto per un altro minuto.

Aggiungete il latte e lasciate sfumare delicatamente fino ad una prima ebollizione e spengete subito il fuoco.

Servire con aggiunta di zucchero oppure senza.

BADAM DOODH

INGREDIENTI

latte intero ½ lt

mandorle 25

cucchiai di zucchero 6

cardamomo 5

zafferano 1 pizzico

acqua di rose ½ cucchiaio

zafferano, petali di rosa fresca, mandorle tritate per guarnire

"Badam" in hindi significa mandorla. "Doodh" significa latte. Badam doodh è ciò che si chiede al ristorante e, a volte, quando si è fortunati anche per strada. Il latte alle mandorle con aggiunta di acqua di rosa è un dissetante ideale per i giorni di calura, specialmente nel sud dell'India. Il latte è considerato dall'ayurveda la migliore delle sostanze, l'essenza delle creature, il cibo che il corpo umano stesso produce e anche gli altri mammiferi. È dolce, fresco, untuoso, lucido, cura l'insonnia, e placa i bruciori di stomaco. Con l'aggiunta di zafferano, considerata la regina delle spezie quasi assimilabile ad una panacea e l'acqua di rose, afrodisiaca, la bevanda di latte alle mandorle aiuta a ritrovare anche una certa serenità e può essere afrodisiaca.

Le mandorle oltretutto, fra tutta la frutta secca, è sempre consigliata e possiede proprietà ringiovanenti. Ricordiamo anche che il cardamomo abbassa tutti e tre i livelli dei dosha e, nonostante sia una spezia considerata di natura calda, non incrementa pitta, grazie anche alla sua qualità vagamente aspra e dolce. È una spezia dunque che rinfresca dolcemente e scalda dolcemente, dunque equilibrata. Anche il cardamomo, come il latte, come lo zafferano e come le mandorle, ha proprietà ringiovanenti.

Il Badam doodh è un vero elisir di lunga vita.

PREPARAZIONE:

Mondate le mandorle dopo averle lasciate a bagno per almeno due ore. Questo vi aiuterà a pelarle dalla loro pellicina scura. Dovranno essere tutte bianche e pulite.

Prendete un frullatore e versate un bicchiere del latte e le mandorle, fintanto che il tutto non abbia raggiunto la consistenza di una pasta. Mettete da parte la pasta ottenuta.

Essiccate i fiori di zafferano, avvicinandoli ad una fonte di calore per pochi minuti e poi pestateli nel mortaio per ottenerne la polvere.

Mettere da parte.

Usare il mortaio anche per pestare i semi del cardamomo e mettere anche questi da parte.

Con il latte rimasto, e la pasta di mandorla, mettete tutto in un pentolino sul fuoco e portate a calore senza raggiungere l'ebollizione subito, ma a fuoco lento, perché il latte non bruci. Girare continuamente.

Appena il latte sfiora l'ebollizione, abbassate il fuoco al minimo e continuate a girare per 20'.

Rimuovere il tutto dal fuoco e raffreddare.

Quando sarà raffreddato, aggiungere l'acqua di rose.

Lasciare riposare in frigo.

Potrete servire il badam doodh, guarnendolo con petali di rosa, qualche fiore di zafferano, e un pizzico di mandorle tritate.

LASSI

INGREDIENTI

yogurt 2 tazze

zucchero 3 cucchiai

½ tazza di acqua fredda

cardamomo 1 cucchiaio (pestato al mortaio)

frutta secca tritata: mandorle, anacardi, pistacchi, uvetta

Il Lassi è la bevanda per eccellenza, consumata per colazione, per merenda, con i pasti a pranzo e a cena.

È una costante della tradizione Indiana e aiuta a digerire. Non consumatene in eccesso di inverno.

PREPARAZIONE

In un frullatore versate lo yogurt e l'acqua. Dovrà essere uno yogurt poi liquido da bere.

Aggiungete lo zucchero e frullate.

Aggiungere poi il cardamomo.

Si può aggiungere anche la frutta, ad esempio il lassi al mango è davvero speciale.

Guarnite con la frutta secca tritata.

www.ingramcontent.com/pod-product-compliance
Lightning Source LLC
Chambersburg PA
CBHW072147100526
44589CB00015B/2128